Theodor Weyl

Die Einwirkung hygienischer Werke auf die Gesundheit der Städte

Mit besonderer Rücksicht auf Berlin

Theodor Weyl

Die Einwirkung hygienischer Werke auf die Gesundheit der Städte
Mit besonderer Rücksicht auf Berlin

ISBN/EAN: 9783743360525

Hergestellt in Europa, USA, Kanada, Australien, Japan

Cover: Foto ©Suzi / pixelio.de

Manufactured and distributed by brebook publishing software (www.brebook.com)

Theodor Weyl

Die Einwirkung hygienischer Werke auf die Gesundheit der Städte

Die
Einwirkung hygienischer Werke

auf die Gesundheit der Städte

mit besonderer Rücksicht

auf

Berlin.

Von

Dr. Th. Weyl,

Schriftführer der Deutschen Gesellschaft für öffentliche Gesundheitspflege in Berlin.

Jena,
Verlag von Gustav Fischer.
1893.

Es ist nicht schwer, den Hygieniker durch die Frage in Verlegenheit zu setzen, ob sich ausreichende Beweise dafür finden, daß die Methoden der modernen Städtereinigung den beabsichtigten Zweck erfüllen. Die Skeptiker unter den Gefragten anworten vielleicht: der Zeitraum, in welchem die neuen Einrichtungen wirken, ist noch zu kurz, um ihren Nutzen mit Sicherheit zu erkennen. „Wir befinden uns noch im Versuchsstadium." Die Enthusiasten weisen auf England hin und rühmen die sanitären Erfolge in Danzig und auch in München. „Daß die englische Städtereinigung erfolgreich ist, steht außer allem Zweifel."

Wer aber zu den Quellen hinuntersteigt, bemerkt mit einiger Beklemmung, daß die Beweismittel für die Wirksamkeit der Städtereinigung zu wünschen übrig lassen, nicht weil dieselben nicht lange genug funktionieren, sondern weil die Beweismittel unvollständig erhoben sind, oder nicht allzu selten überhaupt fehlen.

Allerdings fließen statistische Mitteilungen über Besserung der Gesundheitsverhältnisse als Folge sanitärer Maßnahmen mit einem gewissen Ueberfluß aus englischen Städten: aber dieser Ueberfluß ist nur ein scheinbarer. Denn sehr bald wird dem selbständig Prüfenden klar, daß jene oft genannten statistischen Erhebungen englischer Städte, die den Nutzen der Kanalisation beweisen sollen, aus einer Zeit stammen, in welcher man an die biologische, an die hygienische Statistik viel geringere Ansprüche als heute machte. Diese gerühmten Statistiken sind häufig nicht strenge, wissenschaftliche Prüfungen, sondern Parteischriften, unternommen in der guten Absicht, eine bestimmte hygienische Einrichtung, also z. B. die Schwemmkanalisation, als ein Allheilmittel, als der Hygiene tiefsten Sinn zu preisen und zu empfehlen.

Aber selbst für den Fall, daß die englischen Statistiken wirklich dasjenige bewiesen, was sie zu beweisen vorgeben, es bliebe immer noch zu untersuchen übrig, ob sich die aus England importierten Einrichtungen unter doch immerhin recht verschiedenen klimatischen, sozialen und administrativen Verhältnissen auch in Deutschland bewährt haben.

Eine derartige Untersuchung bringt aber aus allerhand Gründen ihre Schwierigkeiten mit sich. Zunächst giebt es nur wenige Personen, die sich amtlich mit Medizinalstatistik beschäftigen; denn die meisten

Stadtverwaltungen scheinen diese Disziplin ebenso hoch zu schätzen wie der preußische Staat und wie das Deutsche Reich: nämlich als brotlose Kunst, als ein entbehrliches Luxusmöbel. So sind wir denn auch bei uns in Deutschland nicht viel weiter als zu einigen verheißungsvollen Anfängen gekommen, obgleich man meinen sollte, daß entsagungsreiche Forscher wie die Herren Rahts und Würzburg jede Förderung verdient hätten.

Es tritt ferner der Beschäftigung mit Medizinalstatistik der Mangel an vergleichbarem, zuverlässigem Material, welches für einen möglichst langen Zeitraum fortdauernd nach demselben, von einer einzigen Amtsstelle aufgestellten Fragebogen erhoben wurde, entgegen. Derartige Erhebungen sind natürlich kostspielig, und so haben sich ihrer nur wenige deutsche Städte zu rühmen.

Zu diesen gehört die Hauptstadt des Deutschen Reiches. Hier hat der freiwillige Hygieniker der Stadt Berlin unter seine weitumfassenden Geistesschwingen auch die Medizinalstatistik genommen und sie unter verständnisinniger Mithilfe unseres Boeckh gehegt.

Wenn nun die Berliner Medizinalstatistik vielleicht auch noch nicht in allen Punkten den Absichten ihrer Förderer entsprechen mag, so bietet dieselbe doch eine so große Fülle zuverlässigen Materials dar, daß die Lösung der Frage immerhin versucht werden mag, ob sich der Gesundheitszustand Berlins unter dem Einfluß der hygienischen Werke gebessert hat, welche die Bürgerschaft unter Hobrecht's und Virchow's Führung schuf.

Die folgenden Seiten beantworten diese Fragen bejahend: sie zeigen, daß jene großen Kapitalien, welche die Bürgerschaft in hygienischen Werken investiert hat, eine gute, d. h. eine im Interesse der öffentlichen Gesundheit mit Erfolg werbende Kapitalsanlage gewesen sind.

Ich kann diese Seiten nicht schließen, ohne den folgenden Herren, welche meine Studien mit Tat und Rat gefördert haben, auch an dieser Stelle meinen aufrichtigsten Dank auszusprechen: den Herren Geh. Ober-Regierungsrat Dr. Blenck und Geheimen Regierungsrat Prof. Dr. Boeckh, den Direktoren des preußischen und des städtischen statistischen Amtes, Prof. Dr. Guttstadt, Decernenten im preußischen statistischen Amte, und den Herren Dr. Hirschberg und Dr. Berthold vom statistischen Amte der Stadt Berlin.

Berlin W., Nov. 1893.   **Th. Weyl.**
Lützowstr. 105.

Inhalt.

	Seite
I. Die Einrichtungen der Stadt Berlin für öffentliche Gesundheitspflege und ihre Kosten	1
A. Die städtischen Einrichtungen für öffentliche Gesundheits- und Krankenpflege	1
1. Die Bewässerung Berlins durch die städtischen Wasserwerke	2
2. Die Entwässerung Berlins	4
a) Die Kanalisation	4
b) Die Rieselfelder	6
c) Reinigung und Besprengung der Straßen. Müllabfuhr	7
3. Die städtischen Krankenhäuser, das Siechenhaus und die Irrenanstalten	7
a) Krankenhaus Moabit	8
b) Krankenhaus Friedrichshain	9
c) Krankenhaus am Urban	9
Anhang: Das Kaiser- und Kaiserin Friedrich-Kinder-Krankenhaus	10
d) Die städtische Siechenanstalt	10
e) Die städtischen Irrenanstalten	10
4. Die unentgeltliche und wohlfeile Behandlung unvermögender Kranker außerhalb der Krankenhäuser	11
a) Die städtischen Armenärzte	11
b) Der Gewerbskrankenverein	11
c) Der Verein freigewählter Kassenärzte	11
d) Die Polikliniken	12
e) Die Sanitätswachen	12
5. Die Heimstätten für Genesende und das Schwindsuchtskrankenhaus auf den Rieselfeldern	12
6. Die städtischen Desinfektionsanstalten	13
7. Der städtische Central-Schlacht- und Viehhof. Die städtische Fleischbeschau. Die Freibänke. Die Königl. Lymphe-Erzeugungsanstalt	15
8. Die Markthallen	18
9. Turnanstalten. Spielplätze. Städtische Parks. Badeanstalten	18
10. Das städtische Obdach. Der Berliner Asylverein für Obdachlose	19

— VI —

	Seite
B. Die Ausgaben der Stadt Berlin für hygienische Zwecke. Etats einiger städtischer Verwaltungen	20
II. Berlins Gesundheit unter dem Einfluß hygienischer Maßnahmen	26
A. Die Gesamtsterblichkeit	27
Die Sterblichkeit nach Altersklassen	29
B. Die Sterblichkeit nach Todesursachen	31
1. Tetanus (Wundstarrkrampf)	36
2. Diphtherie und Croup (Hals- und Rachenbräune)	37
3. Masern, Scharlach und Keuchhusten	37
4. Meningitis non tuberculosa (epidemica)	38
5. Diarrhöe	38
6. Brechdurchfall	38
7. Dysenterie (Ruhr)	39
8. Pneumonie (Lungenentzündung) und Pleuritis (Brustfellentzündung)	39
9. Tuberculosis in toto (Schwindsucht)	40
10. Eklampsie	41
11. Febris puerperalis (Wochenbettfieber)	42
12. Pyämie (Eitervergiftung, Blutvergiftung)	42
13. Carcinom (Krebs)	43
14. Typhus abdominalis und Febris gastrica (Unterleibstyphus und gastrisches Fieber)	44
15. Typhus (Febris) recurrens (Rückfallfieber)	49
16. Typhus exanthematicus (exanthematischer Typhus)	49
17. Cholera asiatica	49
18. Variola und Variolois (Pocken und Windpocken)	50
Resultate	50
C. Die Sterblichkeit nach Standesämtern (Stadtteilen) und nach Radialsystemen. Einfluß der Kanalisation auf die Sterblichkeit der Standesämter	51
1. Die Sterblichkeit der Standesämter	51
2. Die Sterblichkeit nach Radialsystemen	57
Resultate	64
Schluß	65
Anhang: Erläuterungen und Urmaterialien	66
Literatur	69
Verzeichnis der Abbildungen	70

I. Die Einrichtungen der Stadt Berlin für öffentliche Gesundheitspflege und ihre Kosten.

A. Die städtischen Einrichtungen für öffentliche Gesundheits- und Krankenpflege.

Berlin war im Anfange dieses Jahrhunderts noch eine verhältnismäßig kleine Stadt. Sie enthielt im Jahre 1810: 162971, 1820: 201960, 1830 erst 247967 Einwohner [1]). Noch litt die Stadt unter den Folgen der französischen Invasion von 1806 und den Opfern an Geld und Menschen, welche der Freiheitskrieg ihr auferlegt hatte. Seit dem Anfang der 40er Jahre aber entwickelte sich Berlin schneller, da um diese Zeit der Bau von Eisenbahnen begann und — hervorgerufen durch die Eisenbahnen — Maschinenfabriken und Eisengießereien entstanden. So finden wir im Jahre 1840: 328692, im Jahre 1849: 410726 Einwohner [2]).

Bald waren auch die Folgen der Märztage überwunden; Handel und Verkehr hatten Berlin allmählich zum kaufmännischen Mittelpunkte Norddeutschlands erhoben, und die Stadt, welche im Jahre 1860 mehr als eine halbe Million Einwohner zählte, mußte auf die Errichtung eines neuen Rathauses Bedacht nehmen. Dasselbe wurde 1865 bezogen, war aber erst 1870 in allen seinen Teilen vollendet.

Nun folgte jener denkwürdige Aufschwung der preußischen Politik, es folgten die siegreichen Kriege gegen Dänemark, Oesterreich und Frankreich. War es unter diesen Umständen

---

1) Die Berliner Volkszählung von 1875, bearbeitet von R. Boeckh, Heft I, S. 26 (1878).
2) Boeckh a. a. O. S. 27.

ein Wunder, daß Berlin, die Hauptstadt des siegreichen Preußens, dann des Norddeutschen Bundes und endlich des Deutschen Reiches, in den 15 Jahren seit 1861, also bis 1876, fast 500000 Einwohner gewonnen hatte. Im Jahre 1877 war die erste Million Einwohner bereits überschritten[1]; und jene Stadt, deren gesamte Kommunalverwaltung im Jahre 1829 Ausgaben in Höhe von 2317656 M. erforderte, wies im Jahre 1876 ein Ausgabebudget von 34740245 M. auf[2]. Die Volkszählungen von 1880, 1885 und 1890 ergaben 1122330[3], 1315287[4] und 1578794[5] Einwohner, während die zugehörigen Zahlen für die Gesamtausgaben der Gemeindeverwaltung lauten 56852706 M.[6], 69324161 M.[7] und 80058540 M.[8].

1. Die Bewässerung Berlins durch die städtischen Wasserwerke.

Von hygienischen Maßnahmen war in Berlin noch bis zu Ende der 60er Jahre wenig zu spüren. Regenwässer und Schmutzwässer der Haushaltungen, ja sogar die Abwässer der Gewerbebetriebe ergossen sich in offene Rinnsteine, um im langsamen Strome, ohne genügendes Gefälle, der Spree zuzufließen. Das undurchsichtig trübe, häufig fast schwarz gefärbte Spreewasser bot einen abschreckenden Anblick dar und hauchte, namentlich im Sommer, einen abscheulichen Geruch aus, der die Anwohner zur Verzweiflung brachte und die Spaziergänger vertrieb.

Mit dieser methodischen Flußverunreinigung ging die Verunreinigung des Erdbodens Hand in Hand. Für letztere sorgten die auf jedem Hofe befindlichen Senkgruben, deren Inhalt meistens nur wenige Male im Jahre abgefahren wurde. So blieb auch die Verschlechterung der Brunnen nicht aus, auf welche

---

1) Statist. Jahrb. d. Stadt Berlin, 5. Jahrg., S. 13 (1879). Einwohnerzahl am Jahresschluß 1877: 1021110.
2) Bericht über die Gemeindeverwaltung der Stadt Berlin in den Jahren 1861—1876, Heft 1, S. VI (1879).
3) Statist. Jahrb. d. Stadt Berlin, 8. Jahrg., S. 4 (1882).
4) Die Berliner Volkszählung von 1885, Heft I, S. 9 (1890).
5) Einstweilige Ergebnisse der Berliner Volkszählung, S. 14 (1891).
6) Statist. Jahrb., 8. Jahrg., S. 294 (1882).
7) Statist. Jahrb., 13. Jahrg., S. 381 (1888).
8) pro 1892/93. Siehe Haushaltsetat der Stadt Berlin pro 1892/93, S. 28.

bereits seit Ende des 18. Jahrhunderts Berliner Aerzte und Chemiker hingewiesen hatten [1]).

Zur Spülung der Straßen und Rinnsteine fehlte es an Wasser; denn nicht einmal für ein Pumpwerk, welches nach dem Vorschlage des Major Bayer [2]) das Spreewasser dem genannten Zweck dienstbar machen sollte, waren die Mittel der Kommune im Jahre 1838 ausreichend. Erst im Jahre 1856 erhielt Berlin eine **Wasserleitung**. Sie war von englischen Unternehmern gebaut worden, die der damalige Polizeipräsident von Hinkeldey ins Land gerufen hatte, da sich Regierung und Gemeindevertretung über ein Projekt der Wasserversorgung aus städtischen Mitteln nicht zu einigen vermochten.

Die Anlage der Engländer genügte jedoch, wie sich bald herausstellte, den Ansprüchen der Bürger in keiner Weise, weil die für die Spülung der Rinnsteine und zur Straßenbesprengung zur Verfügung stehenden Wassermengen unzureichend waren. Da nun die Unternehmer keine Lust zeigten, den Gewinn, welchen das Unternehmen abwarf, durch neue Aufwendungen zu verkleinern, auch durch die Vertragsbestimmungen zur Erweiterung der Anlagen nicht gezwungen werden konnten, blieb der Stadtverwaltung kein anderer Ausweg, als die freihändige Erwerbung der englischen Anlagen übrig [3]).

So ging denn das Stralauer Wasserwerk am 31. Dez. 1873 in den Besitz der Stadt über. Sofort begannen dort die Erweiterungsbauten. Ferner erbohrte man am Ufer des Tegeler Sees eine Reihe von Tiefbrunnen. Leider stellte sich jedoch nach kurzer Zeit heraus, daß das aus den Tiefbrunnen geförderte, stark eisenhaltige Wasser für die Ansiedelung einer Alge, der Crenothrix, einen nur allzugünstigen Nährboden abgab. Dieselbe vermehrte sich in unglaublich kurzer Zeit derartig, daß die Röhren verlegt und häufige, kostspielige Reinigungsarbeiten erforderlich wurden. Außerdem erfreute sich das Tegler, an sich völlig gesunde Wasser bei der Bürgerschaft einer steigenden Unbeliebtheit, weil es sich nach kurzem Stehen trübte und den bekannten eisenoxydhaltigen, gelbbraunen Schlamm absetzte.

Da die Methode, große Wassermengen auf einfache Weise von

---

1) Virchow, Generalbericht, S. 40.
2) Bericht über die Gemeindeverwaltung der Stadt Berlin in den Jahren 1861—1867, Heft II, S. 110 ff.
3) Bericht über die Gemeindeverwaltung der Stadt Berlin in den Jahren 1861—1867, Heft II, S. 108 ff. (1880).

Eisen zu befreien, damals noch nicht erfunden war[1]), sah man sich genötigt, die bedeutenden, für Anlage der Tiefbrunnen verwendeten Summen verloren zu geben und ein neues Wasserwerk zu errichten, das wie jenes erste in Stralau Flußwasser durch Sandfiltration nach englischem Vorbilde reinigen sollte[2]). So entstanden die ausgedehnten **Filteranlagen in Tegel**, welche täglich mehr als 86 000 cbm Wasser der Stadt zuführen. Aber auch diese ungeheure Menge filtrierten Wassers genügte der schnell wachsenden Stadt so wenig, daß sich der Magistrat im Juli 1889 genötigt sah, die für Straßenbesprengung, Springbrunnen, öffentliche Gärten u. s. w. notwendige Wassermenge zeitweise auf ein Minimum zu beschränken und die Errichtung eines dritten Wasserwerkes ins Auge zu fassen.

Das **dritte Wasserwerk** wird am Müggelsee bei Cöpenick errichtet. Es hat bisher 20 000 000 M. gekostet und wird hoffentlich im Juli 1893 eröffnet werden können. Es liefert gleichfalls Fluß-(resp. See-)Wasser, welches durch Sandfiltration gereinigt ist[3]).

2. Die Entwässerung Berlins.

a) Die Kanalisation.

Die Versuche, Berlin mit einer **regelrechten** Entwässerungsanlage zu versehen, begannen kurze Zeit nach der Einführung der Wasserleitung, in der Mitte der 50er Jahre. Damals wurde eine größere Anzahl unterirdischer Kanäle, sowie gedeckter Rinnsteine angelegt, welche bestimmt waren, die gesamten Abfallstoffe der Stadt abzuleiten. Die Kanäle mündeten in die Spree und veranlaßten eine kaum glaubliche Verunreinigung dieses unbedeutenden und nicht allzu wasserreichen Flusses. Da die Anlage der Kanäle aber nicht

---

1) Diese Methode wurde erst Ende der 80er Jahre entdeckt. Wir verdanken sie, wie bekannt, zwei hervorragenden Beamten unserer städtischen Verwaltung, den Herren Oesten und Piefke.

2) Man entschloß sich allerdings nicht sogleich, diese Summen verloren zu geben, sondern baute zunächst in Tegel und Charlottenburg große Wasserreservoire, in welchen sich der Eisenschlamm absetzen sollte. Erst als auch dieses Mittel nichts verschlug, wurde der Neubau der Tegeler Sandfilter beschlossen (Ber. über die Gemeindeverwaltung der Stadt Berlin 1861—67, Heft II, S. 80).

3) Außerdem ist in Berlin eine große Reihe von privaten Schöpfwerken vorhanden, deren Wasserlieferung im Jahre 1887/88 auf circa 63 000 cbm geschätzt wurde. Das Wasserwerk am Müggelsee ist seit kurzem wenigstens teilweise in Betrieb gesetzt worden.

plangemäß, sondern dem augenblicklichen Bedürfnis entsprechend geschehen war, hatte man häufig ein ungenügendes Gefälle und eine ungenügende Weite der Siele gewählt. Daher waren Verstopfungen derselben an der Tagesordnung, und bald sah man ein, daß die Entwässerung Berlins nur auf Grund eines nach allen Seiten hin durchdachten einheitlichen Planes mit Aussicht auf Erfolg gelöst werden könnte. Es wurde daher eine Kommission zum Studium der Schwemmkanalisation nach England und Frankreich entsandt, welche auf Grund der im Auslande gemachten Erfahrungen in einem ausführlichen Berichte ihre Anschauung über die Entwässerung Berlins darlegte. Aber es bedurfte noch einer mehr als 15-jährigen kritischen und experimentellen Arbeit, ehe Rudolf Virchow seinen „Generalbericht über die Arbeiten der städtischen gemischten Deputation für die Untersuchung der auf die Kanalisation bezüglichen Fragen" im Dezember 1872 erstatten konnte. Dieser berühmte Bericht gelangte zu dem Schlusse, daß die Einleitung der Fäkalien und Abfuhrstoffe Berlins in die Spree aus hygienischen Gründen zu verwerfen sei. An eine vorhergehende Desinfektion der genannten Materialien sei aus technischen und pekuniären Gründen nicht zu denken. Empfohlen wurde vielmehr die Einführung der Schwemmkanalisation nach englischem Vorbilde. Die mit Wasser genügend verdünnten Abfallstoffe seien in Kanälen bis an den Punkt fortzuführen, von welchem aus sie durch Maschinenkraft auf die Rieselfelder gedrückt werden müßten.

Die praktische Ausführung dieses von der gemischten Kommission nur in Umrissen festgestellten Planes verdanken wir dem Genie unseres Hobrecht, welchen die städtischen Behörden zur Durchführung der Kanalisation aus Stettin herbeigerufen hatten. Derselbe zerlegte Berlin, indem er auf die Richtung der Wasserläufe und auf die Niveaudifferenzen Rücksicht nahm, in 12 von einander unabhängige Entwässerungsgebiete, welche er als Radialsysteme bezeichnete.

Jedes dieser Radialsysteme besitzt seine eigene, am tiefsten Punkte des Systems befindliche Pumpstation. Hierher fließen durch eigenes Gefälle die nach genügender Verdünnung mit Wasser in die Straßensiele eingeleiteten Abfallstoffe, um dann von den in den Pumpstationen befindlichen Maschinen auf die Rieselfelder geschafft zu werden. Nach dem Berichte der städtischen Deputation für die Verwaltung der Kanalisationswerke für die Zeit vom 1. April 1890 bis zum 31. März 1891 sind von den geplanten 12 Radialsystemen nunmehr 9 in Betrieb. Es sind dies die Systeme No. 1 bis 8 und No. 10. Im März 1891 waren ungefähr 20200 Grundstücke an die allgemeine Kanalisation angeschlossen. Die in diesen 9 Radialsystemen vorhandenen Straßen besitzen rund 1121 ha Flächeninhalt und 430 km Längenausdehnung. Die Länge der Siele betrug 586 km. Die zum Betriebe der Pumpen benutzten Maschinen haben 4284 Pferdestärken. Auf die Rieselfelder wurden im Betriebsjahre 1890/91 gedrückt ungefähr 55000000 cbm Wasser, also bei 1500000 Einwohner pro Kopf und Jahr ca. 36 cbm [1]).

b) **Die Rieselfelder** [2]).

Die Berliner Rieselgüter zerfallen in 2 Gruppen, von denen die eine im Norden und Nordnordosten, die andere im Süden der Stadt sich befindet. Die Größe aller in den Besitz der Stadt übergegangenen Rieselgüter beträgt ca. 8200 ha. Von dem Gesamtareal dieser Rieselgüter sind bisher aber nur 5000 ha für Rieselzwecke aptiert worden [3]).

Genaue, für Berlin hauptsächlich von E. Salkowski ausgeführte Untersuchungen lassen erkennen, in welch außerordentlicher Weise die städtische Spüljauche vermittelst der Rieselfelder gereinigt wird.

Die Drainwässer sind in den meisten Fällen geruchlos, klar und verhältnismäßig arm an organischer Substanz, Ammoniak und Salpetersäure. Edelfische (Felchen, Bachforellen, Zander und Regenbogenforellen) befinden sich in den Malchower Fischteichen, die von Drainwasser gespeist werden, durchaus wohl.

Hierdurch ist erwiesen, daß die Fischzucht in den öffentlichen Flußläufen, denen die Drainwässer von Rieselfeldern zugeführt werden, nicht beeinträchtigt wird.

Aber auch das Rieselland selbst erhält durch die tägliche Zufuhr der großen Mengen fäulnisfähiger Materialien nicht etwa den Charakter eines verpesteten, insalubren Landstriches.

Wenigstens läßt, wie die auf Veranlassung von Virchow erhobenen Statistiken zeigen, der Gesundheitszustand der auf den

---

1) Hierin sind die Meteorwässer und die zur Straßenreinigung benützten Wässer natürlich einbegriffen.
2) s. H. Grandke, Die Rieselfelder von Berlin, Berlin 1892, 47 SS. und 2 Pläne.
3) Hierzu kommt noch das im Frühjahr 1893 angekaufte Rittergut Gütergolz.

Rieselfeldern beschäftigten Arbeiter und ihrer Familien nichts zu wünschen übrig. Aus diesem Befunde entnahmen die städtischen Behörden die Berechtigung, auf den Rieselfeldern Heimstätten für Genesende und Krankenhäuser zu errichten. Ueber diese Anlagen vergleiche S. 12.

c) Reinigung und Besprengung der Strassen.

Die Reinigung der Straßen und Plätze läßt in Berlin wenig zu wünschen übrig. Dasselbe gilt auch von der Besprengung. Mit Eröffnung des neuen Wasserwerkes wird der Arbeit der Kehrmaschinen jedesmal die Besprengung vorangehen können, wie dies von Hygienikern längst gefordert wurde.

Die Müllabfuhr bedarf dagegen durchaus der Reform. Dieselbe wird binnen kurzem in Angriff genommen werden. Bereits ist hierzu der erste Schritt geschehen, da die städtischen Behörden die Errichtung eines Ofens zur Müllverbrennung nach englischem Vorbilde — des ersten in Deutschland — vorbereiten [1]).

3. Die städtischen Krankenhäuser, das Siechenhaus und die Irrenanstalten.

Seit 1871 beginnt der Bau jener großartigen städtischen Krankenhäuser und ihrer Adnexe, welche im Verlaufe von 10—15 Jahren Berlin zu einem wahrhaften hygienischen Museum umgestalteten und die Aufmerksamkeit aller Kulturvölker, der europäischen wie der außereuropäischen in gleichem Maße erregten.

Mit den Spitälern des alten Berlins ließ sich allerdings nicht viel Staat machen. Da sie meist Stiftungen Privater ihre Entstehung verdankten, waren sie mit Rücksicht auf die verfügbaren Mittel nur selten erweiterungsfähig. Außerdem gewährten sie häufig nur bestimmten Kategorien von Bürgern, wie alten Kaufleuten, den Hinterbliebenen höherer Beamter, arbeitsunfähigen Männern oder Frauen Aufnahme. Sie waren endlich durch das Häusermeer der schnell wachsenden Stadt umbaut und boten den Insassen schon längst nicht mehr die den Alten und Kranken im gleichen Maße notwendige Ruhe und Pflege [2]).

---

1) Vergl. Th. Weyl, Studien zur Straßenhygiene mit besonderer Berücksichtigung der Müllverbrennung, Jena 1893 bei Gustav Fischer, 142 SS. mit 5 Abbildungen im Text und 11 Tafeln.
2) Das eben Gesagte gilt von folgenden Stiftungen und Spitälern, deren Gründungsjahr in Klammern beigefügt ist: Hospital zum

a) Krankenhaus Moabit.

Die nächste Veranlassung für den Bau des ersten der drei großen städtischen Krankenhäuser bot die Pockenepidemie im Jahre 1871. Das zur Aufnahme der Pockenkranken bereitstehende städtische Hospital in der Palissadenstraße vermochte die Kranken nicht mehr zu fassen, auch zwei andere, schnell errichtete Pockenlazarette waren bald überfüllt. Zwar boten die auf dem Tempelhofer Felde für die Verwundeten des deutsch-französischen Krieges vom Militärfiskus errichteten Baracken noch ausreichenden Platz, nachdem die im Kriege Verwundeten evakuiert worden waren. Aber bereits im Sommer 1871 wurde der Magistrat durch den Kriegsminister aufgefordert die mit Pockenkranken belegten Baracken schleunigst zu räumen, da der Platz, auf welchem sie standen, seiner ursprünglichen Verwendung als Uebungsplatz der Berliner Garnison nicht länger mehr entzogen werden dürfte.

Unter diesem Zwange der Verhältnisse wurde das Barackenlazarett in Moabit in noch nicht ganz drei Monaten hergestellt. Es besteht aus 29 Baracken, dem Verwaltungsgebäude, einer Desinfektionsanstalt [1]) und einem gut eingerichteten Laboratorium, welches sich mit der Leichenhalle und dem pathologischen Institut unter dem gleichen Dache befindet. Das Krankenhaus bietet für mehr als 600 Patienten Raum. Es enthält eine äußere, eine innere und eine Kinderstation. Die Baracken sind um einen ca. 64000 qm

---

Heil. Geist und St. Georg (ca. 1300), St. Gertraudtenhospital (ca. 1500), St. Jakobshospital (1605), Jerusalemsstift (1671), Hollmann'sche Wilhelminen-Amalienstiftung (1835), Weydinger-Schreiner'sche Stiftung (1837), Nikolaus-Bürgerspital (1838), Friedrich-Wilhelm-Hospital (1849). Die meisten dieser Stiftungen haben im Laufe des letzten Jahrzehnts Neubauten erhalten. — Aus neuerer Zeit stammen folgende Krankenhäuser, die durch Private errichtet wurden: Reuter-Stiftung (1877), Lange-Schultesche Stiftung (1878). Die Stadt erbaute ferner das Gesindehospital (1861) und die Altersversorgungsanstalt der Kaiserin-Wilhelm-Augustastiftung (1882). Private Krankenhäuser sind ferner: das Krankenhaus der jüdischen Gemeinde, das Elisabethkranken- und Diakonissenmutterhaus, das Elisabethkinderhospital, das St. Hedwigskrankenhaus, das Lazaruskranken- und Diakonissenhaus, das Augustahospital, das Kaiser- und Kaiserin Friedrich-Krankenhaus (s. S. 10).

1) Dieselbe wurde 1892 von Grund auf erneuert und ist als eine Musteranstalt zu bezeichnen.

großen Garten angeordnet, welcher den leichter Erkrankten sowie den Rekonvalescenten als Promenade dient und das nunmehr fast völlig umbaute Hospital fortdauernd mit frischer Luft versieht.

b) Krankenhaus Friedrichshain.

Das schnelle Anwachsen der Bevölkerung Berlins nach dem französischen Kriege (S. 2) machte sehr bald die Errichtung eines neuen Krankenhauses notwendig. Es wurde im Osten Berlins am Friedrichshain erbaut und führt von der Lage seinen Namen. Die Eröffnung fand 1874 statt. Es bietet Raum für 784 Betten und ist in ähnlicher Weise gegliedert, wie das Krankenhaus Moabit. Der Bau ist ein durchaus monumentaler und durch die Schönheit des verwandten Materials sowie durch die Zweckmäßigkeit der Einrichtungen imponierend.

Verbunden mit dem Krankenhause ist die Pflegerinnenschule zur Ausbildung von Krankenpflegerinnen. Diese Schule hat auf das segensreichste gewirkt und liefert den städtischen und privaten Hospitälern Wärterinnen, welche wegen ihrer Kenntnisse und Pflichttreue die Anerkennung der Aerzte und Patienten in gleicher Weise erworben haben. Das Krankenhaus bedeckt ein Terrain von 95500 qm, von denen nur der achte Teil (12 384 qm) bebaut ist.

c) Krankenhaus am Urban.

Im Jahre 1890 wurde das dritte der drei großen städtischen Spitäler, das Krankenhaus am Urban, eröffnet. Es enthält eine äußere und eine innere Station mit in Summa 600 Betten. Außerdem ist ein Laboratorium und eine Desinfektionsanstalt für strömenden Wasserdampf vorhanden. Die Einrichtungen stehen durchaus auf der Höhe der Zeit. Das Krankenhaus kostete inklusive des Inventariums 2 947 731 M.

Schon wird die Errichtung eines vierten großen Krankenhauses für die nächsten Jahre geplant. Es soll im Norden der Stadt erbaut werden.

Die vorstehend aufgeführten drei städtischen Krankenhäuser besitzen hiernach Platz für 2000 Kranke. Hierzu kommen ca. 150 Betten für syphilitische Frauen in der provisorischen Krankenstation zu Rummelsburg [1]).

---

1) Nach gef. Mitteilung des dirigierenden Arztes, des Herrn Dozenten Dr. G. Behrend.

Anhang: **Das Kaiser- und Kaiserin Friedrich-Kinder-Krankenhaus.**

Das in der Ueberschrift genannte Krankenhaus ist auf Kosten privater Wohlthätigkeit entstanden. Namentlich aber steuerten die städtischen Behörden den Betrag der Kaiser-Friedrich-Stiftung in Höhe von 500000 M. bei und stellten auch den 19000 qm großen Bauplatz zur Verfügung.

Die baulichen Einrichtungen sind ausschließlich nach den Anordnungen des Direktors der inneren Station A. Baginsky getroffen, bei denen auf Sonderung der an Infektionskrankheiten erkrankten und der verdächtigen Kinder besondere Rücksicht genommen ist.

Die Eröffnung fand am 1. August 1890 statt. Vorläufig sind außer der Poliklinik und dem Verwaltungsgebäude die Pavillons für Diphtherie, Scharlach und für nicht infektiöse Erkrankungen — innere und chirurgische — fertiggestellt. Die äußere Station wird von Professor Gluck geleitet.

Die Zahl der Pavillons wird vermehrt werden, sobald die Geldmittel vorhanden sind.

Vorläufig bietet das Krankenhaus nur für ca. 200 Kinder Platz.

Es besteht die Aussicht, daß die Stadt Berlin das Krankenhaus übernimmt.

d) Die städtische Siechenanstalt.

Den vorgenannten allgemeinen städtischen Krankenhäusern schließt sich an: das Hospital und die Siechenanstalt an der Prenzlauer Allee. Dieser monumentale Gebäudekomplex besteht aus einem Hospital für 500 altersschwache Personen und aus der Siechenanstalt, welche 250 Betten enthält. Zwischen den dreistöckigen Pavillons breitet sich ein geräumiger Garten aus. Auf diesen blicken auch die offenen Hallen der Siechenanstalt. Das Siechenhaus ist eine der hervorragendsten Schöpfungen der Stadt Berlin im Dienste der öffentlichen Gesundheitspflege.

e) Die städtischen Irrenanstalten.

Die bisher allein vollendete und im Jahre 1881 eröffnete Irrenanstalt in Dalldorf befindet sich im Norden der Stadt und zwar fast 10 km vom Rathause entfernt. Dieselbe gewährt 1000 Irrenkranken und außerdem in einem besonderen Gebäude noch 500 idiotischen Kindern Aufnahme.

Im Bau begriffen ist eine zweite Irrenanstalt im Osten

der Stadt bei Lichtenberg und Biesdorf. Dieselbe ist für 1000 Irre und 500 Epileptische bestimmt. Das angekaufte Areal läßt eine Vergrößerung der Anstalt zu.

Die Eröffnung der gesamten Anlage wird noch im Jahre 1893 erfolgen können [1]).

4. Die unentgeltliche und wohlfeile Behandlung unvermögender Kranken ausserhalb der Krankenhäuser.

Die unentgeltliche oder wohlfeile Behandlung unvermögender Kranken außerhalb der Krankenhäuser erfolgt in Berlin:
a) durch die städtischen Armenärzte,
b) durch die Aerzte des Gewerkskrankenvereins,
c) durch die Aerzte des Vereins freigewählter Kassenärzte,
d) durch die Polikliniken des Staates, der Stadt, endlich durch die zahlreichen Polikliniken Privater,
e) durch die Sanitätswachen.

a) Die städtischen Armenärzte.

Nach der Statistik des Jahres 1886/87 waren 60 besoldete Armenärzte angestellt. Hierzu kommen noch 27 meist unbesoldete Spezialisten. Die Besoldung der Aerzte erforderte in dem erwähnten Jahre mehr als 81000 M., behandelt wurden 44774 Personen. Die Arzneikosten betrugen 86000 M. [2]).

b) Der Gewerkskrankenverein.

Demselben gehörten im Jahre 1888 63 Kassen mit 222254 Mitgliedern an. Die 118 angestellten Aerzte bezogen 171871 M. Honorar [3]). Der Verein freigewählter Kassenärzte hat jedoch seit dem Jahre 1892 eine erfolgreiche Bekämpfung des Gewerkskrankenvereins unternommen.

c) Der Verein freigewählter Kassenärzte.

Die demütigenden und die Ehre des ärztlichen Standes gefährdenden Scenen, welche sich bei der Neubesetzung ausgeschriebener Arztstellen des Gewerkskrankenvereins abspielten, die kläglichen Honorare der Kassenärzte und die mit diesen Honoraren in argem

---

1) Ist inzwischen erfolgt.
2) Statist. Jahrb. d. Stadt Berlin, 14. Jahrg., S. 402 (1889). In dem Haushaltsetat der Stadt Berlin pro 1892/93 sind veranschlagt: 70 Armenärzte mit 94500 M. Gehalt und 125000 M. für Arzeneikosten aller Art.
3) Die öffentliche Gesundheits- und Krankenpflege der Stadt Berlin, 1890, S. 250.

Mißverhältnis stehende Aufspeicherung großer Kapitalien durch die Krankenkassen brachten in den letzten Jahren eine Vereinigung Berliner Aerzte zu Wege, welche sich unter dem Feldgeschrei der „freien Arztwahl" zusammenfanden. Dieser Verein hat vom 1. Januar 1893 ab die Behandlung von 47 000 Kassenmitgliedern übernommen. Dem genannten Verein gehören mehr als 800 Berliner Aerzte an [1]).

d) Die Polikliniken [2]).

Im Jahre 1887 besaß Berlin mehr als 60 Polikliniken. Soweit dieselben dem Staate oder der Stadt gehören, schließen sie sich meist den großen Krankenhäusern an, während die poliklinischen Anstalten der Privatärzte nicht immer in völlig zureichenden Räumen untergebracht sind. Im Jahre 1887 mögen in Berlin mehr als 100 000 Personen poliklinisch behandelt worden sein. Nach der Vossischen Zeitung vom 29. April 1893 besaß Berlin im Jahre 1891 sogar 150 Polikliniken, in denen mindestens 300 000 Fälle während des genannten Jahres behandelt wurden.

e) Die Sanitätswachen [3]).

Im Jahre 1892 besaß Berlin 18 Sanitätswachen, welche zwar bisher durch Private ins Leben gerufen und erhalten wurden, pro 1892/93 aber einen städtischen Zuschuß von 40 000 M. erforderten, um den gesteigerten Ansprüchen in vollem Maße genügen zu können. Die Sanitätswachen sind meist nur nachts geöffnet, haben aber unter dem Drucke der letzten Choleragefahr (1892) Tag- und Nachtbetrieb eingeführt.

5. Die Heimstätten für Genesende und das Schwindsuchtskrankenhaus auf den städtischen Rieselfeldern.

Seitdem eine genau geführte Statistik gezeigt hatte, daß die auf den Rieselfeldern der Stadt Berlin beschäftigten Arbeiter und ihre Familien nicht häufiger erkranken oder zahlreichere Todesfälle liefern als andere ländliche Arbeiter, entschloß sich die Stadt Berlin, die Herrenhäuser, welche sich auf den für Rieselzwecke erworbenen Gütern befanden, durch passende Umbauten und Erweiterungen in Heimstätten für Genesende und in Krankenhäuser zu verwandeln.

---

1) Nach gef. Mitteilung des Herrn Sanitätsrats S. Marcuse in Berlin.
2) Statist. Jahrb. d. Stadt Berlin. 14. Jahrg., S. 447 (1889).
3) Haushaltsetat der Stadt Berlin pro 1892/93, S. 23, und Spezialetat Nr. 33, S. 74.

— 13 —

Die Heimstätten gewähren den aus den städtischen Krankenhäusern Entlassenen in solchen Fällen, in welchen der sofortige Eintritt in das frühere Arbeitsverhältnis aus ärztlichen Gründen unerwünscht erscheint, Wohnung, Kost und Pflege für eine Zeit von 3—6 Wochen.

Die Station Blankenburg, an der Stettiner Bahn gelegen, ist für weibliche Genesende bestimmt und enthält 40 Betten. Heinersdorf, an der Anhaltischen Bahn, ist für 40 männliche Rekonvalescenten reserviert.

Die auf den Heimstätten erzielten Resultate sind so glänzende, daß man nur eine baldige Erweiterung der Anstalten wünschen kann, damit die Segnungen dieser Stationen einer möglichst großen Anzahl Genesender zu Gute kommen.

Die Heimstätte für Wöchnerinnen in Blankenfelde wird erst von dem Augenblicke an eine umfassendere Wirksamkeit entfalten können, wo Mittel zur Verfügung stehen, um den in Blankenfelde weilenden Müttern in ihren Familien passende Stellvertretung zu gewähren.

Das auf dem Rieselgute Malchow mit einem Aufwande von 244 652 M. von Grund auf neu errichtete Krankenhaus für Tuberkulöse bietet Raum für 48 männliche und ebenso viele weibliche Kranke. Das Gebäude besteht in einem zweigeschössigen Pavillon. Die Tag- und Nachträume der Kranken befinden sich im Hauptgeschoß, während im Souterrain Wirtschaftsräume, im Obergeschoß die Wohnung des Arztes, des Assistenten und des Dienstpersonals untergebracht sind. In einem kleineren Nebengebäude liegen Waschküche und Desinfektionsanstalt.

Das Trinkwasser wird aus Tiefbrunnen geschöpft und, da es eisenhaltig ist, nach dem bewährten Verfahren der Herren Oesten und Piefke von Eisen befreit.

Das Krankenhaus wurde erst im Oktober 1892 eröffnet.

Wenn man sich der in englischen Schwindsuchtshospitälern erhaltenen Heilerfolge erinnert, muß die Gründung des Krankenhauses in Malchow aufs freudigste begrüßt werden [1]).

6. Die städtischen Desinfektionsanstalten.

Wenige Jahre, nachdem Robert Koch im Wasserdampfe von 100 Grad ein beinahe souveränes Desinfektionsmittel kennen gelehrt

---

1) Siehe Güterbock, Die öffentliche Rekonvalescentenpflege, Leipzig 1882; Rosin, D. Vierteljahrsschr. f. öffentl. Gesundheitspfl., 1892, S. 252.

hatte, übergab die Stadt Berlin die erste Desinfektionsanstalt[1]) in der Reichenberger Straße dem öffentlichen Betriebe, da Koch's Verfahren im Krankenhause Moabit die Feuertaufe bestanden hatte. Das Gebäude in der Reichenberger Straße ist vermittelst einer durchgehenden Wand in zwei Räume geteilt, deren einer die infizierten, deren anderer die desinfizierten Gegenstände aufnimmt. In die Trennungswand sind die drei von Schimmel & Co. in Chemnitz gelieferten Sterilisatoren eingebaut.

Den beiden getrennten Räumen des Gebäudes entsprechen zwei völlig getrennte Zufahrten zu demselben. Vom Kottbuser Ufer her werden die infizierten Effekten in die Anstalt gebracht, während die desinfizierten Stücke den zweiten Ausgang nach der Reichenberger Straße benutzen. Selbstverständlich kommen die mit der Desinfektion beschäftigten Arbeiter niemals mit den desinfizierten Gegenständen in Berührung. Ein Kesselhaus, ferner Bäder für die Angestellten, getrennte Schuppen für die Wagen, welche infizierte Gegenstände holen und desinfizierte Stücke den Eigentümern zuführen, vervollständigen diese Musterschöpfung. Die Kosten der Desinfektion trägt bei Unvermögenden die Stadt, während Reiche nach einem verhältnismäßig wohlfeilen Tarife zahlen müssen.

Uebrigens ist es wohl nur eine Frage der Zeit, daß die Stadt die Wohlthaten der Desinfektion allen Bürgern ohne Rücksicht auf deren Vermögen unentgeltlich gewährt, da die Desinfektion nicht nur dem Einzelnen zu Gute kommt, sondern in Rücksicht auf das Wohl aller Bürger als eine Angelegenheit von öffentlichem Interesse betrachtet werden muß.

Weitere Desinfektionsanstalten besitzt die Stadt in allen städtischen Krankenhäusern[2]), ferner im städtischen Obdach (s. d.) Doch sind die zuletzt genannten Anstalten zunächst nur für den inneren Gebrauch der genannten Anstalten bestimmt.

Vom 1. August 1890 bis dahin 1891 wurden desinfiziert:

Aufträge, Effekten betreffend	7 333
„ Wohnungen „	4 013
Aufträge in Summa	11 346

[1] P. Guttmann und H. Merke, Die erste städtische Desinfektionsanstalt, Berlin 1886. Ferner H. Merke, Deutsche Vierteljahrsschrift f. öffentl. Gesundheitspflege, Bd. 25, Heft II (1893).
[2] Siehe Moabit S. 8.

— 15 —

In dem genannten Jahre wurden desinfiziert 7421 Gelasse, nämlich:
4195 Zimmer, 150 Kammern, 602 Küchen, 752 Korridore, 1722 Klosets. Das ergiebt, das Jahr zu 360 Arbeitstagen gerechnet, pro Tag eine Desinfektion von rund 25 Gelassen, oder eine Durchschnittszahl von 14 Wohnungen, wenn man die Zahl der Wohnungen (4013) als maßgebend betrachten will [1]).

7. Der städtische Central-Schlacht- und Viehhof. — Die städtische Fleischschau. — Freibänke. — Die Königl. Lymphe-Erzeugungsanstalt.

Im Beginne dieses Jahrhunderts herrschte in Berlin der sogenannte Schlachtzwang, welcher darin bestand, daß nur in den öffentlichen Schlachthäusern geschlachtet werden durfte. Allmählich gerieten die öffentlichen Schlachthäuser jedoch in Verfall, und es entstand eine große Zahl von Privatschlachthäusern. Dieselben genügten aber kaum jemals auch nur den bescheidensten Anforderungen der öffentlichen Gesundheitspflege, waren meist in engen, schwer zugänglichen Höfen untergebracht, vergifteten durch ihre Effluvien den Untergrund und entzogen sich schon durch ihre große Zahl einer behördlichen Kontrolle. In dem Maße nun, als die öffentliche Gesundheitspflege auch auf dem Gebiete der Fleischschau ihre Rechte geltend zu machen suchte, verstärkte sich auch die Agitation für eine durch die öffentlichen Behörden vorzunehmende Ueberwachung der Schlachttiere und des geschlachteten Fleisches. Der Staat kam diesen Bestrebungen durch die Gesetze vom 18. März 1868 und vom 9. März 1881 zu Hilfe. Namentlich war es das letztgenannte Gesetz, auf Grund dessen die städtischen Behörden festsetzen konnten, daß nur in öffentlichen Schlachthäusern geschlachtet und nur durch sachverständige Beamte untersuchtes Fleisch in den Verkehr gebracht werden dürfe.

Aber schon, bevor die städtischen Behörden diese eben erwähnten Grundsätze proklamiert hatten, war durch eine Aktiengesellschaft ein großer Vieh- und Schlachthof ins Leben gerufen worden, an deren Spitze Dr. Strousberg stand. Nachdem das Unternehmen ungefähr 5 Jahre bestanden hatte, trat die Stadt mit den Leitern desselben wegen Uebernahme der gesamten Schlachtanlagen in Unter-

---

1) Haushaltsetat der Stadt Berlin pro 1. April 1892/93. Spezialetat Nr. 32, Vorbemerkungen.

handlung. Man kam zu keinem Abschluß, da der von der Aktiengesellschaft geforderte Preis in keinem Verhältnis zum Werte der angebotenen Objekte stand. Endlich beschloß die Gemeindeverwaltung, da inzwischen jene Privatanlage den Bedürfnissen der sich schnell vergrößernden Stadt in vollem Umfange nicht zu genügen vermochte, einen eigenen Vieh- und Schlachthof zu errichten, nicht ohne jener Privatgesellschaft ein letztes Mal den Ankauf der privaten Anlage vorzuschlagen. Es wurde keine Einigung erzielt, und so erwarben denn die Gemeindebehörden ein ungefähr 38 ha großes Terrain auf der Lichtenberger Feldmark.

Der hier nach den Plänen des städtischen Bauinspektors Lindemann und des Stadtbaurates Blankenstein errichtete Schlacht- und Viehhof wurde innerhalb dreier Jahre erbaut und konnte am 1. März 1881 dem Betriebe übergeben werden.

Der städtische Schlacht- und Viehhof ist an die Ringbahn angeschlossen. Er zerfällt in zwei Teile: den Vieh- und den Schlachthof. Der Viehhof enthält Ställe und Hallen, in welchen Vieh aller Art zum Verkauf gestellt werden kann, ferner die Viehbörse und die nötigen Verwaltungsgebäude. Auf den Schlachthof gelangen die verkauften Tiere, um dort geschlachtet und nach Bedarf zerlegt zu werden. Dem Schlachthofe schließen sich gewisse gewerbliche Hilfsanstalten, wie Darmschleimereien, Albuminfabrik, Talgschmelze u. s. w. an. Besonderes hygienisches Interesse bieten die umfangreichen und musterhaft eingerichteten Anstalten für die Fleischschau dar.

Die städtische Fleischschau zerfällt in 2 Abteilungen: 1) in die Schau der auf dem Schlachthofe geschlachteten Tiere; diese wird, wie gesagt, auf dem Schlachthofe selbst ausgeführt, und 2) in die Fleischschau des außerhalb Berlins geschlachteten und in geschlachtetem Zustande zum Verkaufe nach Berlin eingeführten frischen Fleisches. Letztere wird in den Fleisch-Untersuchungsstationen, welche hauptsächlich mit den Markthallen verbunden sind, vorgenommen. Ueber die Resultate der städtischen Fleischschau im Jahre 1888/90 geben die nachfolgenden Zahlen Auskunft:

Resultate der städtischen Fleischschau in Berlin.

Jahr	Geschlachtet				Zurückgewiesen wegen		
	Rinder	Kälber	Schafe	Schweine	Tuberkul.	Finnen	Trichinen
1888/89	141 814	115 793	338 798	479 124	3264	1917	342
1889/90	154 218	125 338	436 262	442 121	3063	1960	292

Am Schlusse dieses Kapitels muß noch einiger besonderer Einrichtungen Erwähnung geschehen, die gleichfalls auf dem Schlachthof befindlich sind und in hervorragendem Maße den Zwecken der öffentlichen Gesundheitspflege dienen:

a) Freibänke.

Während man eine Zeit lang geneigt war, Fleisch, das auch nur in geringem Grade verändert oder von Krankheitskeimen durchsetzt war, dem Verkehr zu entziehen und es unter behördlicher Kontrolle für den Genuß unbrauchbar zu machen, ist es unter sachgemäßer Anwendung der Sterilisation in strömendem Wasserdampf gelungen, solches Fleisch in ein zu billigen Preisen käufliches und daher weiten Schichten der Bevölkerung willkommenes Nahrungsmittel zu verwandeln. Es geschieht dies auf dem Berliner Schlachthofe in dem Sterilisator von Dr. Hermann Rohrbeck[1]). In demselben wird das Fleisch einem mehrstündigen Kochprozeß unterzogen und das Eindringen des auf über 100 Grad erwärmten Wasserdampfes in die Fleischstücke dadurch ermöglicht, daß man den Ueberdruck durch schnelle Abkühlung des Innenraumes herabsetzt, um sogleich wieder eine Druckerhöhung eintreten zu lassen. Das so seiner schädlichen Einschlüsse beraubte Fleisch soll, sobald die ungeduldig erwartete Genehmigung der Aufsichtsbehörde eingetroffen ist, auf sogenannten Freibänken zum Verkauf gestellt werden.

b) Die Desinfektion der Eisenbahnwagen,

in welchen Vieh auf den Schlachthof gebracht wurde, geschieht auf besonderen Geleisen. Hier wird das Innere des Wagens, nachdem Streusand und Fäkalien herausgeschafft sind, mit heißem Wasser und darauf mit heißer 0,5-prozentiger Sodalösung desinfiziert.

c) Die Königliche Lymph-Gewinnungsanstalt.

In derselben wird die für die Mark Brandenburg bestimmte und an alle Impfärzte unentgeltlich abgegebene Kälberlymphe hergestelllt[2]).

Die Ausgaben der Stadt Berlin für das Impfwesen betragen jährlich ungefähr 30000 M.

Die Einrichtungen dieser Anstalt sind wegen ihrer zweckmäßigen Einfachheit für Aerzte höchst sehenswert.

---

1) Vergl. Dr. Hertwig, Deutsche Vierteljahrsschrift f. öffentl. Gesundheitspflege, Bd. 24, Heft III (1892). Finniges Fleisch wird in dem Apparat von Becker-Ullmann gekocht.
2) Privatärzte erhalten die Lymphe nur gegen Bezahlung.

8. Markthallen.

Die Markthallen gestatten eine genaue sanitätspolizeiliche Ueberwachung des Handels mit Nahrungsmitteln. Sie bilden deshalb ein kostbares Glied in der Kette hygienischer Maßregeln, mit welchen Berlin umzogen ist.

Außer der Centralmarkthalle am Alexanderplatz, welche vorzugsweise dem Großbetriebe dient, besitzt Berlin zur Zeit 13 Markthallen für den Detailverkehr. Die Einrichtungen derselben haben sich meist vorzüglich bewährt, viele Nahrungsmittel verbilligt und trotz hoher Unkosten für Terrainerwerb und Betrieb sich so hoch verzinst, daß die Stadt Zuschüsse nicht zu leisten hat.

9. Turnanstalten. — Spielplätze. — Städtische Parks. — Badeanstalten.

Berlin besitzt zur Zeit mehr als 80 städtische Turnanstalten. Dieselben stehen in baulicher Verbindung mit den städtischen Unterrichtsanstalten und bestehen meist aus einer Turnhalle und einem davor gelegenen Turnplatze.

Auch für Spielplätze, die an den freien Nachmittagen stark benutzt zu werden pflegen, hat die städtische Verwaltung in den letzten Jahren zu sorgen begonnen[1]).

Die städtischen Parks gewinnen fast in jedem Jahre an Umfang und an Bedeutung. Die großen Kosten, welche sie verursachen (S. 25), machen sich durch die hygienischen Vorteile wohl bezahlt, die sie unseren ärmeren Mitbürgern gewähren.

Die in Berlin bestehenden öffentlichen Badeanstalten ließen bis vor wenig Jahren manches zu wünschen übrig. In den letzten Jahren beginnt auch auf diesem Gebiete eine erfreuliche Aenderung einzutreten.

Zunächst errichtete eine Privatgesellschaft auf Baustellen, welche die Stadt Berlin zur Verfügung stellte, zwei Volksbadeanstalten. Dieselben erfreuen sich steigender Beliebtheit, obwohl sie nur Douche- und Wannenbäder, keine Bassinbäder liefern.

Die meisten Flußbadeanstalten gehören der Stadt. Sie besitzen den Charakter der Volksbäder, werden also, da die Bäder nur wenige Pfennige kosten, hauptsächlich von den ärmeren Volksklassen aufgesucht. Derartige Anstalten — sie liegen alle in der Spree — sind zur Zeit 12 im Betriebe, aber natürlich nur im Sommer

---

1) Auf jedem größeren Schmuckplatze sollte ein nicht zu kleiner Teil der Jugend als Spielplatz überlassen werden. Derselbe läßt sich — ohne den ästhetischen Eindruck des Ganzen zu beeinträchtigen — sehr wohl z. B. durch eine niedrige Hecke abgrenzen.

benutzbar. Vor kurzem hat nun Berlin seine **erste städtische Volksbadeanstalt** (NW. Turmstraße) erhalten, welche im Sommer wie im Winter alle Arten Bäder abgiebt und auch ein großes Schwimmbassin mit fließendem Wasser enthält. Dieselbe kostete 368000 M.[1]). Eine zweite derartige Anstalt befindet sich am Stralauer Platz und wird demnächst eröffnet werden. Sie kostete 497000 M.

10. Das städtische Obdach. — Der Berliner Asylverein für Obdachlose.

Das im Osten der Stadt belegene städtische Obdach zerfällt in zwei von einander streng gesonderte Teile.

Im Vorderhause und in den beiden Seitenflügeln finden **obdachlose Familien** Unterkunft, welche in Not geraten sind. Sie erhalten hier **auch für längere Zeit** Wohnung und Verpflegung. Sogar für den Unterricht der Kinder ist gesorgt.

Das Hinterhaus enthält die Räume für die **nächtlichen Obdachlosen**. Jedem dieser Unglücklichen stellt die Stadt hier eine Lagerstätte und einen Imbiß zur Verfügung.

Auch Bäder sind vorgesehen. Die Desinfektion der Kleider wird gleichfalls in der Anstalt vorgenommen, und zwar meist während die Besitzer derselben baden.

Ueber die Benutzung des städtischen Obdaches giebt die nachfolgende Tabelle Aufschluß.

Benutzung des städtischen Obdachs.

	Köpfe Familienobdach			Köpfe Nächtlich Obdachlose		
	1888/89	89/90	90/91	1888/89	89/90	90/91
Jahresdurchschnitt täglich	204	184	200	605	556	756
6 Sommermonate tägl. durchschn.	169	183	178	471	342	411
dito im Winter	403	186	226	743	775	1107

Der **Berliner Asylverein für Obdachlose** ist ein Privatverein. Derselbe unterhält zwei Asyle: eins für Männer, das andere für Weiber. Der Verein entfaltet eine höchst segensreiche Thätigkeit.

Das städtische Obdach dient zwar zunächst der Wohlthätigkeit; dasselbe erfüllt aber auch **streng hygienische Aufgaben**, indem es eine große Anzahl von Menschen, welche durch

---

1) Vergl. Borchardt, D. Vierteljahrsschr. f. öffentl. Gesundheitspfl., 1893, S. 232. Ferner: R. Schultze (Köln), Bau und Betrieb von Volksbadeanstalten, mit 45 Abbildungen im Text, Bonn 1893.

ihre Lebensgewohnheiten wohl geeignet sind, Krankheitserreger zu züchten und zu verbreiten, beobachtet und desinfiziert. Das städtische Obdach wird demnächst vergrößert werden.

B. Die Ausgaben der Stadt Berlin für hygienische Zwecke.

Im folgenden gebe ich eine Uebersicht über die Kosten, welche die Errichtung der hygienischen Bauten Berlins erforderte, und füge nach dem Haushaltungsetat der Stadt Berlin pro April 1892 die Etats der hauptsächlichsten hier in Betracht kommenden Verwaltungen hinzu.

Hygienische Bauten der Stadt Berlin.

Jahr der Errichtung	Gegenstand	Anschaffungspreis
1871	Krankenhaus Moabit	1 472 353
1874	„ Friedrichshain	4 594 229
1874 u. 1893	Wasserwerke	47 631 750
1876	Kanalisation und Rieselfelder (Rieselfelder allein M. 23 580 660)	84 169 957
1880	Dalldorf	4 113 194
1881	Schlacht- und Viehhof	12 451 803
1886	Markthallen	25 161 869
1887	Desinfektionsanstalt 1	111 447
1887	Städt. Obdach	943 279
1889	Siechenanstalt	2 673 778
1890	Krankenhaus am Urban	2 947 731
1892	Erste und zweite städtische Volksbadeanstalt	865 000
		187 136 390

Hiernach hat die Stadt Berlin im Laufe von 21 Jahren mehr als 187 Millionen für hygienische Bauten ausgegeben. Dies macht pro Jahr 9 Mill. Mark.

Aber auch die Etats der wichtigsten hygienischen Verwaltungen, die ich nur in ihren wesentlichsten Positionen, also abgekürzt, im folgenden zum Abdruck bringe, werden dem Hygieniker von Interesse sein.

Etats einiger städtischen Verwaltungen nach dem Haushaltungsetat der Stadt Berlin pro 1. April 1891/92.

1. Wasserwerke.

Einnahme.

Aus dem Absatze von Wasser	6 350 000
Miete für Wassermesser	145 734
Herstellung von Hausanschlüssen	220 000
Zinsen und Mieten	5 582
Verschiedenes	25 000
Summe	6 746 316

Ausgabe.

Verwaltung	182 788
Betrieb der Werke	1 397 627
Hausanschlüsse	175 000
Wissenschaftliche Arbeiten u. s. w.	10 000
Werkstatt	83 539
Amortisation und Zinsen	2 892 659
Pensionen und Unterstützungen	11 000
Reserve- und Erneuerungsfonds	100 000
Summe	4 852 613

Abschlufs.

Einnahme	6 746 316
Ausgabe	4 852 613
Ueberschufs	1 893 703

2. Kanalisation und Rieselfelder.

Einnahme.

Entwässerungsabgabe	2 511 377
Betriebsverwaltung	6 390
Hausanschlüsse	342 200
Einkünfte aus den Rieselfeldern	2 193 447
Verschiedenes	15 650
Summe	5 069 064

Ausgabe.

Centralverwaltung		130 157
Betrieb		
1. allgemein	108 038	
2. der Radialsysteme	1 040 104	1 148 142
Hausanschlüsse		424 840
Verwaltung der Rieselfelder		2 201 464
Schuldentilgung und Amortisation		4 159 980
Verschiedenes		18 349
Summe		8 082 932

Abschlufs.

Einnahme	5 069 064
Ausgabe	8 082 932
Zuschufs	3 013 868

3. Strassenreinigung und -besprengung.

Einnahme.

Reinigungskosten-Beiträge u. s. w.	122 230

Ausgabe.

Besoldungen		945 770
Bekleidung		13 730
Geräte und Materialien		233 500
Abfuhr		
1. Regelmäfsige v. Kehricht, Schnee, Eis laut Vertrag	378 160	
2. Aufserordentliche Leistungen bei starken Schneefällen	208 000	
3. Verschiedenes	3 000	589 160
Latus		1 782 160

Transport	1 782 160
Besprengung [1]	246 684
Mieten	7 360
Oeffentliche Bedürfnisanstalten [2]	8 406
Unterstützungen u. s. w.	5 100
Summe	2 079 706

Abschlufs.

Einnahme	122 230
Ausgabe	2 079 706
Zuschufs	1 957 476

4. Krankenhäuser und Irrenanstalt in Dalldorf.

Einnahme.

Titel	Friedrichshain	Moabit	Urban	Dalldorf
Kur- und Verpflegungskosten, Beerdigungsgelder	266 800	223 600	203 100	262 345

Ausgabe.

	Friedrichshain	Moabit	Urban	Dalldorf
Löhne (Geschäfts- u. Hausverwaltung)	65 650	87 520	72 980	118 085
Seelsorge (und Unterricht) [3]	1 000	1 500	1 650	4 950
Gehälter für Aerzte [4], Arzeneien	70 850	75 900	59 596	33 640
Verpflegung und Bekleidung	339 200	348 200	291 370	513 660
Heizung, Beleuchtung, Wasser	145 640	125 420	144 200	154 300
Abgaben, Lasten	2 305	1 232	1 452	115
Beerdigungskosten	2 750	4 000	2 700	2 000
Verschiedenes	2 325	1 846	2 642	17 660
Gespanne [3]				3 500
Unterstützungen				4 000
Rohmaterial für Arbeitsbetrieb [3]				1 000
Kur- und Verpflegungskosten				300
Park- und Gartenanlagen [3]				4 000
Pflegegeld für Geisteskranke [5], die in Privatanstalten untergebracht sind				993 000
Summe	629 720	645 618	576 960	2 006 870

Abschlufs.

	Friedrichshain	Moabit	Urban	Dalldorf
Einnahme	266 800	223 600	203 100	262 345
Ausgabe	629 720	645 618	576 960	2 006 870
Zuschufs	362 920	422 018	373 860	1 744 525

1) Das Wasser zur Straßenbesprengung (950 000 cbm) ist mit 104 500 M. veranschlagt.
2) Das benutzte Wasser (750 000 cbm) ist mit 82 500 M. veranschlagt.
3) Dalldorf.
4) Exkl. Gehalt für Direktoren.

5. Siechenanstalten und Friedrich Wilhelms-Hospital für 730 Männer und 480 Weiber.

Ausgabe	486 207
Einnahme	53 261
Zuschufs	43 946

6. Heimstätten.

Heimstätten für Genesende und Krankenhaus in Malchow.

Ausgaben.

Honorare und Löhne	18 700	
Beköstigung	90 500	
Wäschereinigung, Utensilien dazu	5 600	
Heizung, Feuerung	6 300	
Beleuchtung	1 700	
Desinfektionsapparat, Wasserfilter etc.	4 950	
Ergänzung der Küchengeräte	2 000	
„ und Instandhaltung der Wäsche	3 300	
Park- und Gartenanlagen	1 200	
Unterstützungen an Pfleglinge	500	
Medikamente	1 925	
Bibliothek und Spiele	190	
Alters-, Kranken- u. Invaliditäts-Versichg.	225	
Weihnachtsbescheerung der Pfleglinge	280	
Fuhrwerksgestellung zum Transporte der Pfleglinge in der Anstalt	3 480	
Bureaubedürfnisse und Porto	650	6 750
	Summe	141 500

Einnahmen.

Verpflegungsgelder		132 000
Stiftungsfond (Alb. Arons)		686
	Summe	132 686

Abschlufs.

Ausgaben		141 500
Einnahmen		132 686
	Zuschufs	8 814

7. Desinfektionsanstalt.

Einnahme.

Titel	Desinfektions-Anstalten	
	Reichenbergerstr. 66	im städt. Obdach
Gebühren für Desinfektion von Wohnräumen und unbeweglichen Sachen	40 000	
Verschiedenes	200	710
Summe	40 200	710

— 24 —

Ausgabe.

Titel	Desinfektions-Anstalten Reichenbergerstr. 66	im städt. Obdach
Gehälter	103 200	7 420
Beförderung der infizierten und der desinfizierten Sachen und der Wohnungsdesinfektoren	35 000	—
Reinigung der Wäsche und Bekleidung des Personals	16 000	600
Inventar (Arbeitskleidung und Utensilien)	18 420	2 300
Heizung, Beleuchtung, Wasser	9 950	17 400
Abgaben und Lasten	268	132
Verschiedenes	500	100
Ausbildung von Wohnungsdesinfektoren	13 500	—
Summe	196 838	27 952

Abschlufs.

Einnahme	40 200	710
Ausgabe	196 838	27 952
Zuschufs	156 638	27 242

8. Fleischschau.

Einnahme.

a) auf dem Schlachthofe.
Bestand aus dem Vorjahre 40 000
Schaugebühren 492 150

b) in den Markthallen
für von auswärts eingeführtes Fleisch.
Schaugebühren 197 250
Summe der Einnahmen von a und b   729 400

Ausgabe.
a) auf dem Schlachthofe.
Gehälter und Löhne 221 700
Entschädigungen an die Fleischbeschauer [1] . . 264 000
Heizung, Beleuchtung u. s. w. 36 450

b) in den Markthallen:
Gehälter 176 285
Mieten, Heizung, Beleuchtung u. s. w. 36 800
Summe der Ausgaben von a und b   735 235

Abschlufs.
Einnahme a und b 729 400
Ausgabe a und b 735 235
Zuschufs   5 835

9. Markthallen (13 Stück).

Einnahme.
Mieten und Standgelder 2 158 081
Ausgabe 2 158 081
Balanciert

[1] 0,35 M. pro Schwein.

10. Städtische Parks und Gärten.

Ausgaben.

Ordinarium.

Parkanlagen	147 200
Baumschulen	38 400
Schmuckplätze	86 500
Baumpflanzungen auf Strafsen und Plätzen	61 000
„ „ Schul- und Turnhöfen	21 800
„ in Krankenhäusern, Bädern	14 040
Unvorhergesehenes	1 500
Zur Verschönerung des Tiergartens	30 000
Sämereien, Gerätschaften	24 000
Verschiedenes	30 575
Summe des Ordinariums	455 015
Extraordinarium	154 172
Gesamtausgabe	609 187
Einnahme	17 752
Zuschufs	591 435

11. Badeanstalten.

Einnahmen.

Eintrittsgelder	34 500

Ausgaben.

Löhne und Unterhaltung	77 370
Zuschufs	42 870

12. Städtisches Obdach.

Einnahmen.

Verpflegungskosten u. s. w.	9 582

Ausgaben.

Beamte	8 010
Unterricht	1 800
Arzt, Arzeneien	2 800
Verpflegung	80 400
Heizung, Beleuchtung, Reparaturen	49 000
Abgaben, Lasten, Begräbnisse	884
Verschiedenes	1 900
Summe	144 794
Hierzu Desinfektionsanstalt[1])	27 242
Summe	172 746

Abschlufs.

Einnahme	9 582
Ausgabe	173 746
Zuschufs	163 164

---

1) Dient zunächst nur den Zwecken des Obdachs und der Siechenanstalt.

Von den im Vorstehenden abgedruckten Etats werden folgende Zuschüsse verlangt:

Kanalisation und Rieselfelder	3 069 064
Reinigung und Besprengung der Strafsen	1 957 476
Krankenhäuser und Dalldorf	2 903 323
Siechenanstalt	43 946
Heimstätten	8 814
Desinfektionsanstalt I	156 638
Fleischbeschau	5 835
Markthallen	—
Städtische Parks und Gärten	591 435
Badeanstalten	42 870
Städtisches Obdach	163 164
Summe	8 942 565

Da nun laut Etat pro 1891/92 49 705 402 M. aus den Ueberschuß liefernden Verwaltungen eingingen, **beträgt die Aufwendung der Stadt Berlin für hygienische Zwecke ca. 16,5 Proz. der Gesamtüberschüsse.**

II. Berlins Gesundheit unter dem Einflufs hygienischer Mafsnahmen.

Ob sich der Gesundheitszustand Berlins unter dem Einflusse der umfassenden, in den letzten 25 Jahren ergriffenen Maßnahmen wesentlich verändert oder gar verbessert hat, scheint bisher noch nicht **mit wünschenswerter Genauigkeit** ermittelt zu sein, obgleich die eingehenden und genauen Erhebungen des städtischen statistischen Amtes über die Mortalität Berlins zu jedermanns Verfügung stehen.

Wenigstens ist mir keine Untersuchung bekannt geworden, welche mit der gleichen Ausführlichkeit und Treue die Gesundheitsverhältnisse der Stadt Berlin seit Mitte der siebziger Jahre bis jetzt behandelt, wie dies früher von Boeckh für den Zeitraum von 1869—78 in seinem grundlegenden Werke „Die Bewegung der Bevölkerung der Stadt Berlin" geschehen ist.

Die meinen Untersuchungen zu Grunde liegenden Urzahlen sind für 1868—78 ausschließlich den Tabellen, welche dem eben citierten

Gesammt Sterblichkeit in Berlin 1840-1890 pro 1000 Einwohner.

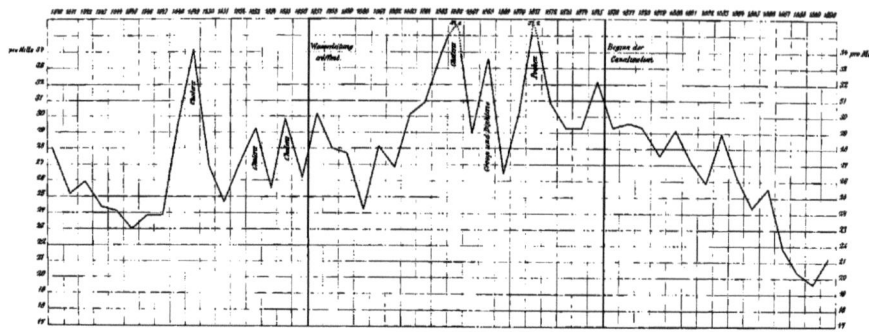

Werke Boeckh's angefügt sind, für 1879—90 den Veröffentlichungen des städtischen statistischen Bureaus, Suppl. I, entnommen [1]).

A. Die Gesamtsterblichkeit [2]).

Wie aus Tabelle 1, S. 28 (siehe auch die Kurve Nr. 1) hervorgeht, hat die Gesamtsterblichkeit in Berlin seit 1876 deutlich und fast stetig abgenommen. Im Jahre 1876 wurde aber in einem Teile Berlins (im Radialsystem 3) die Kanalisation eröffnet. Ein Einfluß der 1856—57 eröffneten Wasserleitung auf die Sterblichkeit läßt sich aus Kurve 1 nicht mit Sicherheit herleiten. Allerdings bewegte sich Berlins Sterblichkeit von 1840—47 in ähnlichen Breiten wie 1876—90, ohne daß in den 40er Jahren besondere hygienische Maßregeln ergriffen worden wären.

Aber damals war Berlin noch eine verhältnismäßig kleine Stadt und erfreute sich der hygienischen Vorzüge einer solchen.

Die Spitzen der Kurve 1 in den Jahren 1849, 1866, 1871 sind durch Pocken-, beziehentlich Choleraepidemien veranlaßt. Im Jahre 1868 wütete die Diphtherie und forderte 2154 Opfer [3]).

Aber die Schlüsse, welche man aus dem Absinken der Gesamtsterblichkeit auf den Gesundheitszustand einer großen Stadt glaubte ziehen zu dürfen, haben vor dem Forum der wissenschaftlichen Statistik schon längst an Beweiskraft verloren.

Die „Gesamtsterblichkeit" kann ja nur zur Charakteristik einer möglichst abgeschlossenen, unter stets gleichen Verhältnissen lebenden Bevölkerung dienen. Niemals aber wird dieselbe einen zuverlässigen Indikator für die Beurteilung der stark fluktuierenden Bewohnerschaft einer Weltstadt mit ihren wechselnden Zu- und Abzügen liefern können.

---

1) S. auch die Bemerkung im Anhang über die Unterschiede in den statistischen Angaben zwischen dem Polizeibericht und den Angaben des städtischen statistischen Bureaus. Siehe ferner Tabelle 3 auf S. 32 u. 33.

2) Die Gesamtsterblichkeit von 1816—1880 siehe bei Boeckh, a. a. O. S. 37. Siehe auch den Generalbericht von R. Virchow, S. 52 ff., und Berl. klin. Wochenschr., 1872, Nr. 51 (abgedruckt in Virchow's Ges. Abhandl. I, S. 561).

3) Siehe Petersen, im Korrespondenzblatt des niederrheinischen Vereins für öffentliche Gesundheitspflege, Jahrg. 1879. Nach Petersen starben in Berlin an Diphtherie 1867: 904, 1868: 2154, 1869: 1780 Personen. Der von Dr. E. H. Müller in der Deutschen Klinik, Jahrg. 1868, 1869 und 1870 pro 1867—69 erstattete Bericht über die Todesfälle in Berlin giebt für die Diphtheriesterblichkeit pro 1867—69 zwar kleinere Zahlen als Petersen, betont aber ausdrücklich die hohe Sterblichkeit an Diphtherie pro 1868 in Berlin.

— 28 —

Dies sind in kurzem die Gründe, weshalb, wie im folgenden in geeigneten Fällen geschehen ist, die Sterblichkeit nach Altersklassen berechnet werden muß.

Tabelle 1.
Gesamtsterblichkeit in Berlin in Promille der Einwohner.

Jahr	Einwohner		Sterbefälle exkl. Totgeborene		Sterblichkeit pro 1000 Einwohner		Bemerkungen
1810	162 971	λ					λ Von 1810—1876 nach Die Berliner Volkszählung von 1875, Heft I, S. 26 ff. (Boeckh).
1811	169 763	λ					
1812	171 000	λ					
1813	?	λ					
1814	?	λ					
1815	191 000	λ					
1816	197 717	λ	5 620	ε	28,76	ε	ε Mit Benutzung von Boeckh: Bewegung der Bevölkerung, S. 37.
1817	195 857	λ	5 618	ε	28,55	ε	
1818	198 125	λ	6 085	ε	30.89	ε	
1819	201 138	λ	5 683	ε	28,47	ε	
1820	201 900	λ	5 052	ε	25,07	ε	
1821	205 965	λ	5 068	ε	24.85	ε	
1822	209 146	λ	5 287	ε	25,47	ε	
1823	206 309	λ	6 183	ε	29,70	ε	
1824	210 000	λ	6 037	ε	28,43	ε	
1825	219 968	λ	6 076	ε	27,97	ε	
1826	225 100	λ	6 392	ε	28.71	ε	
1827	230 630	λ	6 298	ε	27,63	ε	
1828	236 494	λ	6 200	ε	26.55	ε	
1829	242 620	λ	6 557	ε	27,50	ε	
1830	247 967	λ	7 327	ε	30,32	ε	
1831	248 682	λ	9 069	ε	36,93	ε	
1832	252 510	λ	7 426	ε	29.61	ε	
1833	259 080	λ	7 608	ε	29,67	ε	
1834	265 122	λ	8 691	ε	33,17	ε	
1835	271 840	λ	6 897	ε	25,72	ε	
1836	278 630	λ	7 030	ε	25,54	ε	
1837	283 722	λ	10 578	ε	37,65	ε	
1838	294 760	λ	8 038	ε	27,82	ε	
1839	308 000	λ	7 876	ε	26,14	ε	
1840	328 692	λ	8 839	ε	28.04	ε	
1841	340 260	λ	8 282	ε	25.28	ε	
1842	339 170	λ	8 720	ε	25,96	ε	
1843	349 808	λ	8 362	ε	24,30	ε	
1844	363 400	λ	8 617	ε	24,19	ε	
1845	380 120	λ	8 579	ε	23,09	ε	
1846	397 767	λ	9 276	ε	23,89	ε	
1847	409 020	λ	9 667	ε	23,97	ε	
1848	410 140	λ	11 475	ε	29,28	ε	} Cholera.
1849	410 726	λ	13 450	ε	34.26	ε	
1850	419 720	λ	10 513	ε	26,89	ε	Cholera.
1851	424 630	λ	9 756	ε	24,70	ε	
1852	421 175	λ	10 821	ε	27,04	ε	Cholera.

— 29 —

Jahr	Einwohner	Sterbefälle exkl. Totgeborene	Sterblichkeit pro 1000 Einwohner	Bemerkungen
1853	425 550 λ	11 789 ε	29,25 ε	Cholera.
1854	429 390 λ	10 305 ε	25,60 ε	Cholera (wenige Fälle).
1855	432 685 λ	12 328 ε	29,99 ε	Cholera.
1856	442 040 λ	10 889 ε	26,30 ε	
1857	449 610 λ	12 664 ε	30,16 ε	Cholera (wenige Fälle).
1858	458 637 λ	11 854 ε	28,03 ε	
1859	474 790 λ	12 163 ε	27,78 ε	Cholera (wenige Fälle).
1860	493 400 λ	10 988 ε	24,34 ε	
1861	547 571 λ	14 201 ε	28,18 ε	
1862	567 560 λ	14 044 ε	26,94 ε	
1863	596 390 λ	16 473 ε	30,21 ε	
1864	633 279 λ	17 848 ε	30,99 ε	
1865	657 690 λ	20 609 ε	33,80 ε	
1866	665 710 λ	26 305 ε	41,62 ε	Cholera.
1867	702 437 λ	18 668 ε	28,96 ε	
1868	728 590 λ	23 531 ε	34,69 ε	
1869	762 450 λ	20 193 α	26,48	λ Die Berliner Volkszählung von
1870	760 000 λ	22 984 α	30,24	1875, Heft I, S. 26 f.
1871	825 937 λ	30 756 α	37,24 π	α R. Boeckh, Bewegung der Be-
1872	864 300 λ	26 635 α	30,82	völkerung d. Stadt Berlin S. 39.
1873	900 620 λ	26 427 x	29,34	x ibidem S. 38.
1874	932 760 λ	27 423 x	29,39	π Pocken.
1875	966 858 λ	31 225 x	32,29	
1876	995 470 λ	29 185 x	29,32	
1877	1 010 946 ς	29 988 x	29,66	ς Die Anstalten d. Stadt Berlin f.
1878	1 039 447 ς	30 629 x	29,47	d. öffentl. Gesundheitspfl., Fest-
1879	1 069 782 μ	29 545 y	27,62	schrift f. d. 59. Vers. Deutscher
1880	1 122 330 δ	32 823 y	29,25	Naturf., S. 55.
1881	1 138 784 μ	31 055 y	27,27	δ Die Berliner Volkszähl. v. 1880,
1882	1 175 278 μ	30 465 y	25,92	Heft I, S. 65.
1883	1 212 327 μ	35 056 y	28,92	μ Die öffentl.Gesundheitspfl. d. Stadt
1884	1 250 895 μ	32 932 y	26,33	Berlin, Festschr. f. d. X. internat.
1885	1 291 359 μ	31 483 y	24.38	med. Kongr. 1890, S. 54.
1886	1 337 171 μ	34 293 y	25,65	y Statist. Jabrb. d. Stadt Berlin,
1887	1 386 562 μ	30 333 y	21,88	Bd. 15, S. 50.
1888	1 439 618 μ	29 294 y	20,35	
1889	1 495 151 χ	29 545 v	19,76	χ Auskunft d. städt. statist. Amt.
1890	1 548 279 χ	32 823 v	21,19	v Veröffentl. d. statist. Bureaus d. Stadt Berlin pro 1889 u. 1890.

Die Sterblichkeit nach Altersklassen.

Die Berechnung der Sterblichkeit nach Altersklassen wurde nur für die Volkszählungsjahre 1871, 1875, 1880, 1885, 1890 durchgeführt, weil sich nur für die genannten Jahre die nötigen Materialien mit Sicherheit ermitteln lassen, in den übrigen Jahren aber nur durch Fortschreibung konstruiert werden.

Tabelle 2.
Von 1000 Lebenden starben in Berlin[1]):

Altersklasse	1871	1875	1880	1885	1890
0—1	589,95	481,12	444,17	321,44	321,09
0—5	188,89	174.30	139.24	117,42	107,26
5—10	12,82	13,07	12,15	9,22	6,93
10—15	4,58	4.35	3.90	3,22	2,84
15—20	7,73	5,59	5.01	3,98	3,53
20—25	9,98	7.91	6.63	5,41	4,86
25—30	12,42	9.23	8.72	7,45	6,32
30—35	17,72	11,49	10,79	10,84	7,79
35—40	20.29	13,91	12,19	12,19	10,50
40—45	26,37	15,16	14,46	13,95	12,27
45—50	26,06	19,49	16,42	16,06	14,79
50—55	38,46	23.49	21.33	19,67	18,37
55—60	44.86	27,57	27,14	26,62	25,08
60—65	55,29	41,29	38,12	36,57	34,16
65—70	67,61	55,62	52,41	49,48	47,12
70—75	94,35	85,05	70,43	72,31	72,03
75—80	13,88	} 16,00	} 14,58	} 13,16	} 13,98
80—x	22,55				

Aus Tabelle 2 geht mit Sicherheit hervor, daß die Sterblichkeit aller Altersklassen seit 1871 in Berlin sich vermindert hat[2]).

Daß die Verminderung der Sterblichkeit auch in den produktiven Altersklassen (20—45 Jahre) erfolgte, wird zum Teil wenigstens auf den starken Zuzug kräftiger Burschen und Mädchen zu schreiben sein, welche in der Millionenstadt ausreichenden Verdienst suchten und fanden.

Es ist nun von besonderer Bedeutung, daß die Verminderung der Sterblichkeit auch für die Altersklassen 0—1 und 0—5 Jahr gilt. (Siehe Kurve 1A.)

Die **Kindersterblichkeit** in Berlin ist schon mehrfach besprochen worden. So stellte Schwabe[3]) den Verlauf derselben nach Wochen graphisch dar, und auf Veranlassung R. Boeckh's, des Direktors des statistischen Bureaus der Stadt Berlin, enthalten die von dem genannten Herrn herausgegebenen Statistischen Jahrbücher der Stadt Berlin fast in jedem Jahrgange eingehende Bearbeitungen dieses Themas.

---

1) Siehe Tabelle 19 im Anhang.
2) Die Urmaterialien zu Tabelle 2 siehe im Anhang. Die Standesämter sind erst durch Gesetz vom 9. März 1874 eingeführt.
3) Berl. städt. Jahrb., 5. Jahrg., Titelblatt (1871). Siehe auch Virchow's Generalbericht, S. 56 f.

Kurve I^A.

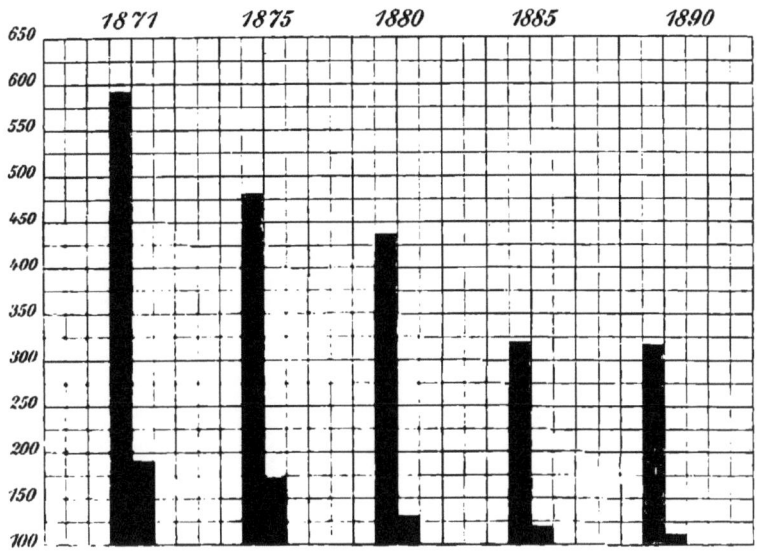

Kindersterblichkeit in Berlin.

Sterblichkeit der Altersklasse 0—1 (hell schraffiert) und der Altersklasse 0—5 (dunkel schraffiert) zu Berlin in den Jahren 1871, 1875, 1880, 1885, 1890 pro 1000 Lebende.

Auch die von Skrzeczka[1]), Wernich[2]) und Pistor[3]) verfaßten Berichte über das Gesundheitswesen der Stadt Berlin wenden der Kindersterblichkeit reges Interesse zu [4]).

In allen vorstehend genannten Mitteilungen wurde mit Recht auf die namentlich in den 70er Jahren abnorm hohe Kindersterblichkeit hingewiesen.

Aus Tabelle 2 ergiebt sich nun, daß die **Sterblichkeitsdifferenz** zwischen 1871 und 1891 beträgt:

für die Altersklasse	p. M.
0—1 Jahr	268,86
0—5 „	81.63

B. Die Sterblichkeit nach Todesursachen.

Ueber den Anteil, welcher den einzelnen Todesursachen an der Gesamtsterblichkeit zukommt, liegen für Berlin erst seit dem Jahre 1855 einige Aufzeichnungen vor. Diese wurden von R. Virchow zwar für den „Generalbericht" benutzt, sind aber, dem Zustande der damaligen Medizinalstatistik in Berlin entsprechend, nur mit Vorsicht zu verwerten [5]). Die Urmaterialien, aus denen der Generalbericht

---

1) pro 1879 und 1880.
2) pro 1881.
3) pro 1882, pro 1883—85 und pro 1886—88. Siehe Anhang und Literaturverzeichnis.
4) Siehe auch Rahts in Verhandl. d. Deutschen Ges. f. öffentl. Gesundheitspflege zu Berlin, 1890, S. 32, denen ich die hierunter zum Vergleich abgedruckte Tabelle 2a entnehme.

Tabelle 2a.

Säuglingssterblichkeit in einigen Großstädten des Deutschen Reiches (vergl. mit Paris und London).

	1884	1885	1886	1887	1888	1889
Chemnitz	36,3	34,5	37,4	36,5	36,5	36,2
München	32,1	32,4	33,2	32,4	32,6	31,7
Breslau	31,1	29.7	31,2	29.5	26,6	31,0
Nürnberg	28,7	24,3	33,0	26,2	26,7	27,7
Hamburg	24,8	25,3	31,0	29,6	23,9	25,0
Leipzig	28,4	24,8	22,9	18,9	16,8	21,1
Dresden	24.3	22,3	26,5	21,3	20,3	23,2
Stuttgart	27,2	23.1	23.2	18,8	20.7	22,8
Frankfurt a/M.	19,2	18,4	19,7	17,4	16.8	17,3
Hannover	18,3	18,8	20,8	18.0	16.3	21,1
Bremen	22,9	18,6	19,4	16,9	15,9	15,7
Elberfeld	16,6	14,6	19,3	15,9	15,6	16,1
Paris	—	—	16.5	14,5	15,3	14,1
London	15.6	14.8	15,9	15,8	14 6	14,1

5) Ueber den Zustand der Medizinalstatistik in Berlin vor Einführung der Standesämter siehe R. Boeckh, Die Bewegung der Bevölkerung u. s. w., S. 1 (1884).

schöpfte, scheinen fast sämtlich verloren gegangen zu sein. Erst im Beginne der 70er Jahre gewinnen die Berliner medizinalstatistischen Angaben, welchen das Virchow'sche System der Todesursachen zu Grunde gelegt wurde, unter der aufopfernden Leitung des Herrn Boeckh, Direktors des städtischen statistischen Bureaus, an Sicherheit und Brauchbarkeit. Namentlich ist dieses seit Einführung der Standesämter — für Berlin also seit dem 1. Oktober 1875 — der Fall.

Ich selbst habe die Sterblichkeit nach Todesursachen für die Jahre 1868—1890 an der Hand der Veröffentlichungen des statisti-

Tabelle 3.

Sterbefälle in Berlin von
Zusammengestellt aus den „Veröffentlichungen des

	1869	1870	1871	1872	1873	1874	1875	1876
Typhus abdominalis	513	594	739	1208	859	691	805	623
Meningitis cerebrospinalis	223	199	250	207	330	340	358	471
Erysipelas	73	69	72	87	66	74	78	64
Diphtherie	693	408	509	450	557	759	1254	1100
Masern	175	204	236	236	183	135	234	221
Scharlach	168	91	200	296	284	457	566	585
Croup	1087	984	970	991	857	295	341	633
Keuchhusten	225	262	212	222	296	217	384	268
Influenza	3	3	4	3	6	2	4	2
Pyämie	66	71	67	73	72	73	87	75
Febris puerperalis	99	119	261	280	231	209	185	154
Dysenterie	79	93	152	141	158	239	301	297
Scrofulosis	75	66	89	62	96	69	95	80
Carcinoma et tumores alii	273	313	318	417	431	473	488	488
Meningitis tuberculosa Tbc [1])	15	31	4	14	22	14	22	34
Tetanus	254	290	297	375	456	501	452	468
Phthisis laryngea Tbc [1])	23	64	29	27	20	15	56	49
Pneumonia	1151	1289	1263	1346	1467	1165	1391	1540
Phthisis pulmonum Tbc [1])	2682	3045	3453	3212	3003	3028	3232	3234
Haemoptoë Tbc [1])	181	229	256	215	218	83	74	159
Diarrhöe	1546	2291	2542	2172	1733	2042	2036	1720
Brechdurchfall	584	906	868	1336	2532	2979	3366	3000
Phthisis intestinalis } Tbc [1])	55	14	92	96	76	99	102	6
„ meseraica }	—	10	8	—	—	3	2	48
Febris gastrica	109	115	82	114	217	188	309	153
Typhus exanthematicus	—	7	9	1	60	9	13	41
„ recurrens	—	—	—	22	29	—	—	—
Cholera asiatica	3	1	46	2	714	—	—	—
Pleuritis	85	106	127	133	130	129	179	159
Pocken	230	170	5216	1198	101	21	51	18
Windpocken	—	—	—	—	—	—	—	—
Eklampsie	?	?	?	?	?	20	16	4

1) Die mit **Tbc** bezeichneten Krankheiten wurden im folgenden als Tuberkulose zusammengefaßt und berechnet.

— 33 —

schen Amtes der Stadt Berlin, Supplement I, für 18 Krankheiten beziehentlich Krankheitsgruppen berechnet und meine Zahlen mit denen der Polizeiberichte (citiert S. 31 und im Literaturverzeichnis) verglichen [1]). Diese Berechnungen wurden ausgeführt:
a) für die Sterblichkeit aller Altersklassen an der betreffenden Krankheit,
b) (meist auch) für die Sterblichkeit der 5-jährigen Altersklassen an der betreffenden Krankheit.

Die Urmaterialien, aus denen die folgenden Tabellen abgeleitet sind, finden sich in der folgenden Tabelle 3 vereinigt.

1869—1890 an 32 Krankheiten.
statistischen Amts der Stadt Berlin, Supplement I."

1877	1878	1879	1880	1881	1882	1883	1884	1885	1886	1887	1888	1889	1890
612	326	296	506	340	356	221	241	214	181	193	188	290	143
500	522	586	646	606	588	600	563	634	786	595	572	616	594
65	95	120	81	98	68	98	64	98	118	98	67	80	92
911	1215	1146	1198	1593	1914	2651	2446	1816	1535	1365	1073	1241	1492
172	293	104	376	201	144	1173	295	406	565	223	262	141	331
918	871	463	872	903	604	867	395	409	271	197	146	192	241
180	232	209	224	185	220	281	194	191	153	99	82	95	94
387	371	391	354	405	292	370	539	383	410	535	369	443	588
—	1	4	5	2	1	1	1	2	—	7	2	51	90
70	79	59	88	51	43	46	56	46	60	62	67	84	104
196	161	200	173	140	160	142	122	152	158	122	128	126	122
266	184	80	129	137	127	118	152	83	72	25	22	20	12
96	121	116	83	78	86	96	84	85	69	69	56	74	80
631	677	700	736	745	811	838	962	910	1031	1053	1149	1272	1220
49	75	93	85	143	106	90	117	111	130	186	209	194	194
415	350	305	312	264	246	238	180	173	169	175	125	126	116
29	40	22	31	39	41	31	36	35	33	29	30	25	29
1328	1550	1473	1713	1773	1694	2198	1807	1961	2132	1925	2051	2235	2715
3575	3508	3486	3830	3770	3791	4195	4329	4472	4318	4133	4253	4657	4876
98	107	114	97	104	99	102	120	107	104	86	88	95	102
1752	1827	1650	1992	1602	1527	1805	1860	1382	1827	1242	1216	1812	1394
2947	2886	3124	3477	2684	2510	2897	2882	2485	3512	2570	2020	3496	3322
60	54	} 54	79	} 48	} 58	53	} 52	} 39	} 66	} 41	} 62	} 63	} 43
1	4		5			2							
156	213	220	207	197	194	208	243	203	233	167	222	243	198
—	24	114	21	12	1	1	2	—	—	—	—	—	—
—	—	17	32	1	—	2	—	—	—	—	—	—	—
131	153	159	151	147	129	182	129	128	173	142	123	181	181
4	0	8	9	54	5	4	10	5	3	3	1	2	} 5
16	8	10	9	11	6	7	9	6	18	18	12	13	10

[1]) Siehe über diese Vergleichungen den Anhang.

Tabelle 4.
Von 1000 Gestorbenen (exkl. Totgeborenen) starben in Berlin an:

Jahr	a Masern	b Scharlach	c Keuchhusten	d Diarrhöe	e Brechdurchfall	f Meningitis (non tuberculosa)
1869	8,6	8,3	11,1	76,5	28,9	11,4
1870	8,8	3,9	11,3	104,0	39,4	8,6
1871	7,6	6,5	6,9	82,6	28,2	8,1
1872	8,8	11,1	8,3	81,5	50,1	7,7
1873	6,9	10,7	11,2	65,5	95,8	12,4
1874	4,9	16,6	7,9	74,4	108,6	12,3
1875	7,4	18,1	12,2	65,2	107,7	11,4
1876	7,5 {7,3}	20,0 {18,4}	9,0 {9,4}	58,9	102,7 {89,7}	16,1 {14,11}
1877	5,7	30,6	12,9	58,4	98,2	16,6
1878	9,5	28,4	12,1	57,6	94,2	17,0
1879	3,5	15,6	13,2	55,8	105,7	19,9
1880	11,5	26,5	10,7	60,6	105,9	19,6
1881	6,4	29,1	13,4	51,5	86,4	19,1
1882	4,7	19,8	9,5	50,1	82,4	19,3
1883	33,4	24,7	10,5	62,6	82,6	17,1
1884	8,9	11,9	16,3	56,4	87,5	17,1
1885	12,8 {11,28}	12,9 {13,0}	12,1 {13,4}	43,8	78,9 {87,46}	20,1 {19,02}
1886	16,4	7,9	11,9	53,2	102,4	22,9
1887	7,3	6,4	17,6	40,9	84,7	19,6
1888	8,9	4,9	12,5	43,5	68,9	19,5
1889	4,1	5,5	12,8	52,5	101,4	17,8
1890	9,9	7,2	17,6	41,7	99,4	17,7

Jahr	g Pneumonia	h Tuberculosis in toto	i Eklampsie	k Febris puerp.	l Carcinom	m Pyaemia
1869	56,9	150,1	?	4,9	13,5	3,2
1870	56,1	150,4	?	5,1	13,4	3,2
1871	41,1	127,8	?	8,4	10,3	2,1
1872	50,5	136,1	?	10,5	15,6	2,7
1873	55,5	129,9	?	8,7	16,3	2,7
1874	42,4	120,7	0,7	7,6	17,2	2,6
1875	44,5	114,7 {127,04}	0,5	5,9 {6,99}	15,6 {18,12}	2,7 {2,46}
1876	52,7 {43,31}	123,6	0,1	5,2	16,7	2,5
1877	44,2	130,3	0,5 {0,36}	6,5	21,4	2,3
1878	50,6	127,7	0,2	5,2	22,1	2,5
1879	49,8	131,4	0,3	6,7	23,6	1,9
1880	52,1	128,2	0,2	5,2	22,4	2,6
1881	57,1	133,7	0,3	4,5	23,9	1,6
1882	55,6	137,2	0,1	5,2	26,6	1,4
1883	62,6	136,0	0,2	4,1	23,9	1,3
1884	54,8	143,8	0,2	3,7	23,1	1,7
1885	62,2 {63,39}	154,1 {144,67}	0,1 {0,29}	4,8 {4,2}	28,9 {30,50}	1,5 {1,89}
1886	62,1	137,6	0,5	4,6	30,0	1,7
1887	63,4	149,8	0,5	4,0	34,0	2,0
1888	70,0	160,3	0,4	4,3	39,2	2,2
1889	64,8	148,2	0,3	3,6	38,9	2,4
1890	81,3	146,0	0,3	3,6	36,5	3,1

Jahr	n Pleuritis	o Pleuritis u. Pneumonie	p Pocken	q Windpocken	r Typhus exanth. Stadt	s Typhus recurrens	t Cholera
1869	4,2	61,1	1,1	—	—	—	0,1
1870	4,6	60,7	7,3	—	0,3	—	0,04
1871	5,5	46,6	169,3	—	0,3	—	1,4
1872	4,9	55,4	44,9	—	0,03	0,8	0,1
1873	4,9	60,4	3,7	—	2,2	1,1	2.7
1874	4,7	47,1	0.7	—	0,3	—	—
1875	5,7	50,2	1,6	—	0,4	—	—
1876	5,4	58,1	0.5	—	1,4	—	—
1877	4,3	48,5	0,1	—	—	—	—
1878	4,9	55,5	0,3	—	0,7	—	—
1879	5,4	55,2	0,3	—	3,8	0,5	—
1880	4,6	56,7	0,2	—	0,6	0,9	—
1881	4,7	61,8	1,7	—	0,4	0.03	—
1882	4,2	59,8	0,2	—	0,03	—	—
1883	5,2	67,8	0,1	—	0,02	0,04	—
1884	3,9	58,7	0.6	—	0,06	—	—
1885	4,1	66,3	0,2	—	—	—	—
1886	5.0	67,1	0,1	—	—	—	—
1887	4,6	68,0	0.1	—	—	—	—
1888	4,2	74,2	0.03	0,1	—	—	—
1889	5,2	70,0	0,1	0,02	—	—	—
1890	5,4	86,7		0,14	—	—	—

Jahr	u Typhus exanth. Polizei	v Typhus abdom.	w Febr.gastr.	x Typhus u. Febr.gastr.	y Dysenterie	z Diphtherie u. Croup	zz Tetanus
1869	—	25,4	5,3	30,7	3,9	88,1	12,5
1870	—	25,8	5,0	30,8	4,0	60,5	12,6
1871	—	24,0	2,6	26,6	4,9	48,0	9,6
1872	—	45,3	4.2	49,2	5,2	54.0	14,1
1873	9,6	32,5	8,2	40,7	5,9	53,5	17,2
1874	0,4	25,1	6,8	31,9	8,7	38,3	18,2
1875	—	25,7	9,8	35,5	9,6	51,0	14,4
1876	1,2	21,3	5,2	26,5	10,1	59,2	16,0
1877	—	20,7	5,2	25,7	8,8	36,3	13,8
1878	0.7	10,6	6.9	17,5	6.0	47,1	11,4
1879	3,9	9,9	7,4	17,3	2,7	45,8	10.3
1880	0,7	15,4	6.3	21,7	3,9	43,2	9,5
1881	—	10,9	6.3	17,2	4,4	57,1	8,5
1882	—	11,6	6,3	17,9	4,1	70,0	8,1
1883	—	6,3	5,9	12,2	3,3	83,6	6,7
1884	—	7,3	7,3	14,6	4,6	80,0	5,4
1885	—	6,7	6,4	13,1	2,6	63,6	5,4
1886	—	5,2	6,7	11,9	2,0	49,1	4,9
1887	—	6,3	5,5	11,8	0,8	48,2	5,7
1888	—	6,4	7,5	13,9	0,7	39,3	4,3
1889	—	6,4	7,0	15,4	0,5	38,7	3,6
1890	—	4.2	5.9	10.1	0,3	47,4	3.4

1. Tetanus (Wundstarrkrampf).

Als Tetanus sind die Angaben der „Veröffentlichungen" über die Todesfälle an Tetanus et Trismus und an Tetanus et Trismus traumaticus zusammengefaßt. Diese Zusammenfassung ist aus bakteriologischen, d. h. aus ätiologischen Gründen berechtigt.

Die Tabelle 4 Spalte zz (S. 35) zeigt, daß die Todesfälle an Tetanus sicher abgenommen haben.

Zu demselben Resultate führen die 10-jährigen Durchschnitte

1871—80   13,45 p. M. Mortalität
1881—90   5,60 p. M. „

Wie nun aus Tabelle 5 (s. u.) hervorgeht, fällt in den Volkszählungsjahren 1871, 75, 80, 85, 90 die größte Zahl aller Todesfälle an Tetanus, nämlich 86,5—92,4 Proz., auf die Altersklasse 0—1 Jahr. Es war deshalb die oben behauptete Abnahme der Todesfälle an Tetanus eigentlich schon bewiesen.

Tabelle 6 (S. 37) läßt aber an der Richtigkeit dieser erfreulichen Beobachtung auch nicht mehr den geringsten Zweifel mehr, da sie dieselbe Abnahme auch in Promille der Altersklasse 0—1 Jahr zum Ausdruck bringt[1]).

An der S. 30 nachgewiesenen Abnahme der Kindersterblichkeit ist also der Tetanus jedenfalls beteiligt.

Das Absinken der Sterblichkeit an Tetanus ist ohne Zweifel auf die Einführung der Antisepsis, beziehentlich Asepsis bei der Wundbehandlung im Allgemeinen und bei der Behandlung der Nabelwunden im Speziellen zurückzuführen.

Tabelle 5.
Von 100 Todesfällen an Tetanus kamen auf das erste Lebensjahr:

Volkszählungs-jahre	Todesfälle an Tetanus in Proz. der Fälle von Klasse 0—1 Jahr	Tetanustodesfälle	
		in allen Altersklassen	in Altersklasse 0—1 Jahr
1871	86,5	297	257
1875	92,4	452	418
1880	90,4	312	282
1885	87,2	173	151
1890	91,4	116	106

1) Die Zahlen für die Altersklassen 0—1 Jahr sind nur in den Volkszählungsjahren mit Sicherheit zu ermitteln (s. S. 29).

Tabelle 6.
Auf 1000 Kinder im ersten Lebensjahr kamen Todesfälle an Tetanus:

Volkszählungsjahre	Todesfälle an Tetanus	Alle Todesfälle an Tetanus in Altersklasse 0—1 Jahr	Lebende im 1. Lebensjahre
1871	12,5	257	20 432
1875	13,4	418	30 988
1880	8,35	282	33 768
1885	4,19	151	36 032
1890	2,69	106	39 312

2. Diphtherie und Croup [1]).

Als Diphtherie und Croup sind die Werte der „Veröffentlichungen" für Diphtherie + Scharlach-Diphtherie (pro 1887, 88, 90) + Croup zusammengefaßt. Wie aus Tabelle 4, Spalte z (S. 35) hervorgeht, zeigt die Kurve der Sterblichkeit an Diphtherie zwei Maxima, nämlich 1869 mit 88,1 und 1883 mit 83,6 p. M. Mortalität, während die Minima mit 36,3 und 38,7 p. M. Mortalität auf die Jahre 1877 und 1889 fallen [2]).

Im übrigen variieren die Zahlen benachbarter Jahre so sehr, daß dieselben kaum allgemeine Schlüsse über Zu- oder Abnahme der Diphtherie zulassen [3]).

3. Masern, Scharlach und Keuchhusten.

Die Todesfälle der in der Ueberschrift genannten Krankheiten, Tabelle 4, Spalte a, b, c (S. 34), unterliegen in den Beobachtungsjahren sehr bedeutenden Schwankungen und berechtigen daher wohl kaum zu bindenden Schlüssen.

Die Sterblichkeit im 10-jährigen Durchschnitt beträgt:

in den Jahren	Masern	Scharlach	Keuchhusten
1871—80	7,3	18,4	9,4
1881—90	11,28	13,0	13,4

1) Die Erkrankungs- und Todesfälle an Diphtherie von 1881—88 in Berlin behandelt R. Virchow Berl. klin. Wochenschr. 1890, S. 310.
2) Aehnliche Beobachtungen hat bereits Würzburg, Arb. des Kais. Gesundheitsamtes, V, Heft 3, S. 497 (1889) für den Verlauf der obengenannten Krankheiten im Deutschen Reiche gemacht.
3) Vergl. auch Brühl und Jahr, Ueber Diphtherie und Croup im Königreich Preußen in den Jahren 1875—82, Berlin 1889.

4. Meningitis non tuberculosa (epidemica) (Genickstarre).

Die Werte der „Veröffentlichungen" für Meningitis und für Meningitis cerebrospinalis epidemica sind aus bakteriologischen, d. h. ätiologischen Gründen vereinigt worden. Die Tabelle 4, Spalte f (S. 34) ergiebt keine Abnahme. Es war die Sterblichkeit in den Jahren 1870/72 im Gegenteil um mehr als 50 Proz. geringer als in den letzten 10 Jahren.

Auch die 10-jährigen Durchschnitte zeigen eine Zunahme der Mortalität:

1871—80	14,11 p. M.
1881—90	19,02 p. M.

5. Diarrhöe (Tabelle 4, Spalte d [1]).

Die Werte zeigen eine Abnahme. Jedenfalls stieg die Sterblichkeitsziffer in den letzten 15 Jahren niemals mehr so hoch als in der Zeit vor 1875. Die Jahre 1880 mit 60 p. M. und 1883 mit 62,6 p. M. Mortalität kommen den höchsten Zahlen der früheren Periode nahe, ohne sie aber zu erreichen. Uebrigens laufen selbstverständlich unter der Diagnose Diarrhöe die verschiedensten akuten und chronischen Krankheiten in untrennbarer Mischung, so daß die Medizinalstatistik das gebotene Material nur mit Vorsicht verwerten darf.

6. Brechdurchfall (Cholera nostras).

Wie die Zahlen auf Tabelle 4, Spalte e (S. 34) beweisen, haben die Todesfälle an Brechdurchfall (Cholera nostras) nur um ein Geringes abgenommen.

Hierfür sprechen auch die 10-jährigen Durchschnitte:

1871—80	89,7 p.	M	Mortalität
1881—90	87,5 „	„	„

Dieses Ergebnis zeigt, daß die öffentliche und die private Gesundheitspflege diejenigen Schädlichkeiten noch nicht in ausreichendem Maße haben treffen können, denen man die Entstehung des Brechdurchfalls zur Last legt. Vielleicht genügen die Einrichtungen noch nicht, die getroffen wurden, um der ärmeren Bevölkerung frische, d. h. keimarme Milch zu einem billigen Preise zur Verfügung zu stellen.

---

[1] Als Diarrhöe sind pro 1890 die von den „Veröffentlichungen" als Cholera nostras, Magen- und Darmentzündung, Magendarm-Katarrh aufgeführten Fälle vereinigt.

7. Dysenterie (Ruhr).

Die Todesfälle an Dysenterie haben, wie die Zahlen in Tabelle 4, Spalte y (S. 35) beweisen, abgenommen. Sehr deutlich kommt dies in den 10-jährigen Durchschnitten zum Ausdruck:

    1871—80   5,99 p. M. Mortalität
    1881—90   2,33 „ „ „

Noch sicherer geht dies aus Tabelle 7 hervor, in welcher die Sterblichkeit an Dysenterie nach Altersklassen berechnet ist.

Tabelle 7.
Sterblichkeit an Dysenterie in Promille der Altersklassen:

Altersklassen	1871	1875	1880	1885	1890
0—5	0,9	1,5	0,6	0,3	0,04
5—10	0,2	0,2	0,02	0,07	—
10—15	0,09	0,07	0,02	0,01	—
15—20	0,03	0,05	—	0,009	0,007
20—25	—	0,05	0,04	0,006	0,005
25—30	0,03	0,08	—	0,01	0,005
30—35	0,06	0,05	0,01	—	—
35—40	0,09	0,08	0,02	—	—
40—45	0,02	0,13	0,01	0,01	—
45—50	1,05	0,19	0,04	0,06	—
50—55	0,16	0,2	0,05	—	—
55—60	0,3	0,3	0,1	0,05	0,02
60—65	0,2	0,8	0,08	0,1	—
65—70	1,8	0,5	0,4	0,05	—
70—75	0,2	0,8	0,1	0,3	—
75—80	—				—
80—85	1,1	2,07	0,9	0,2	—
85—90					—

Dieses günstige Ergebnis haben wir wohl der Versorgung mit gutem Trinkwasser zu verdanken.

8. Pneumonie, Pleuritis (Lungen- und Brustfell-Entzündung)[1].

Die Werte für Pneumonie, Tabelle 4, Spalte g (S. 34), zeigen eine beträchtliche Zunahme seit den letzten 9 Jahren. Da aber in

---

[1] Unter Pneumonie habe ich auch die in den Veröffentlichungen pro 1888, 89, 90 für Pneumonie nach Masern gesondert aufgeführten Werte subsumiert. Dies dürfte sich nur vom Standpunkte der Klinik aus rechtfertigen lassen. Vom bakteriologischen Standpunkte aus würden die Sterbefälle nach den Erregern der Lungenentzündung, welche ja bekanntlich von verschiedener Art sein können, aufzunehmen sein.

manchen Fällen die Differentialdiagnose zwischen Pneumonie und Pleuritis zweifelhaft bleibt, andererseits aber auch beide Erkrankungen häufig vergesellschaftet an demselben Individuum vorkommen, habe ich in derselben Tabelle 4, Spalte o (S. 35) die Werte für Pleuritis + Pneumonie, außerdem in Spalte n auch die Werte für Pleuritis allein berechnet.

Die Berechnungen ergeben: a) für die Summe von Pleuritis + Pneumonie eine sichere Zunahme, wie dies oben für Pneumonie allein bereits erwähnt wurde; b) für Pleuritis allein ein geringes Schwanken zwischen 4 und 5 p. M. für die ganze Beobachtungsdauer.

Die 10-jährigen Durchschnitte betragen:

Jahr	Pleuritis	Pneumonie + Pleuritis
1871—80	5,08	48,34
1881—90	4,65	68,04

9. Tuberculosis in toto (Schwindsucht) [1]).

Als Tuberculosis in toto habe ich folgende in den „Veröffentlichungen" gegebene Werte zusammengefaßt: Scrofulosis, Meningitis tuberculosa, Phthisis laryngaea et trachealis, Phthisis pulmonum, Abzehrung, Hämoptöe, Phthisis intestinalis, et meseraica.

Die Berechtigung zu dieser Art der Berechnung wird nicht bestritten werden, da die Einheit des tuberkulösen Prozesses außer Frage steht.

Die in Tabelle 4, Spalte h (S. 34) mitgeteilten Zahlen ergeben,

---

1) G. Meyer (Berl. klin. Wochenschr. 1890, S. 646) hat die Sterblichkeit an Lungenschwindsucht in Promille der Einwohner für Berlin in den Jahren 1880—89 nach den Veröffentlichungen des städtischen statistischen Bureaus berechnet. Seine Zahlen lauten:

Jahr	Sterblichkeit an Lungenschwindsucht in Promille der Einwohner
1880	3,46
1881	3,31
1882	3,23
1883	3,47
1884	3,46
1885	3,46
1886	3,23
1887	2,98
1888	2,84
1889	3,15

Verf. zieht aus diesen Zahlen den — wohl kaum berechtigten — Schluß, daß die Sterblichkeit an Lungenschwindsucht in den letzten 10 Jahren im Verhältnis zur Einwohnerzahl recht erheblich, wenn auch nicht so ganz regelmäßig, abgenommen habe.

— 41 —

daß die Gesamtsterblichkeit an Tuberkulose in Berlin von 1871 bis 1883 konstant niedriger war als von 1884 bis 1890.

Die 10-jährigen Durchschnitte lauten:

    1871—80   127,04 p. M. Mortalität
    1881—90   144,67 „ „ „

Aber diese Zahlen sind trügerisch. Berechnet man nämlich die Sterblichkeit an Tuberkulose (und zwar an Tuberkulose wiederum in der oben angegebenen Ausdehnung) nach Altersklassen in den Volkszählungsjahren nach 1871, so ergiebt sich (Tabelle 8 s. u.), daß dieselbe in beinahe allen Altersklassen, auch in den Klassen 0 bis 5 sichtbar abgenommen hat.

Tabelle 8.
Sterblichkeit an Tuberculosis in Promille der Altersklassen:

Altersklassen	1871	1875	1880	1885	1890
0—5	3,6	2,6	2,3	2,4	2,2
5—10	0,7	0,6	0,7	0,5	0,4
10—15	0,6	0,5	0,5	0,6	0,5
15—20	2,5	1,8	2,0	1,7	1,4
20—25	3,2	2,8	2,8	2,8	2,3
25—30	4,0	4,0	4,3	4,1	3,3
30—35	5,8	4,8	5,4	5,4	3,8
35—40	6,2	5,4	5,1	5,6	4,8
40—45	7,5	5,4	5,3	5,3	4,5
45—50	6,1	5,7	4,8	5,3	4,1
50—55	8,8	5,3	4,8	4,5	4,2
55—60	9,4	4,4	6,1	5,3	4,2
60—65	8,6	4,1	5,2	5,6	4,6
65—70	6,9	5,7	5,0	5,6	3,9
70—75	3,5	2,9	2,0	3,4	3,9
75—80	2,9				
80—85	2,9	2,2	2,5	2,8	1,7
85—90					

10. Eklampsie.

Die Sterblichkeit an Eklampsie hat, wie die Zahlen in Tabelle 4, Spalte i (S. 34) zeigen, die Gesamtsterblichkeit der Berichtsjahre niemals beeinflußt. Dieselbe war in den Jahren 1878 bis 1885 durchschnittlich geringer als 1886 bis 1890.

    7-jähriger Durchschnitt 1874—80   0,36 p. M. Mortalität
    10- „   „   1881—90   0,29 „ „ „

11. Febris puerperalis (Kindbettfieber).

Eine genaue Statistik der Todesfälle durch Febris puerperalis ist für die Jahre 1859 bis 1877 von Max Böhr[1]), für die Jahre 1878 bis 1887 von Ehlers[2]) berechnet worden. Die von Ehlers in seiner Tabelle III (a. a. O., S. 436, 437) gegebenen Zahlen stimmen mit den meinigen durchaus überein. Sie zeigen, daß die Sterblichkeit an Puerperalfieber in Berlin seit 1880 im Rückgange begriffen ist und so hohe Werte wie in den Jahre 1872 bis 1875, wie ferner 1877 und 1879 nicht wieder erreichte. Es beträgt nämlich die Sterblichkeit an Puerperalfieber im 10-jährigen Durchschnitt der Jahre (Tabelle 4, Spalte k, S. 34):

1871—80   6,99 p. M. der Gestorbenen exkl. der Totgeborenen
1881—90   4,2 „   „   „   „   „   „   „

Auch die nachfolgende Tabelle 9, in der ich die Sterblichkeit an Febris puerperalis nach Altersklassen berechnet habe, zeigt eine Abnahme der Sterblichkeit.

Tabelle 9.
Sterblichkeit an Febris puerperalis in Promille der Altersklassen.

	1871	1875	1880	1885	1890
15—20	0,2	0,14	0,2	0,09	0,04
20—25	1,08	0,6	0,5	0,4	0,2
25—30	1,2	0,9	0,7	0,6	0,4
30—35	2,2	1,7	0,8	0,5	0,4
35—40	1,03	0,8	0,4	0,4	0,2
40—45	0,7	0,11	0,2	0,2	0,2
45—50	—	0,04	—	—	0,02
50—55	0,3	—	—	—	—

Dieses Absinken der Sterblichkeit ist ohne Zweifel die Folge einer besseren Ausbildung der Aerzte und Hebeammen, namentlich soweit die Handhabung einer vernünftigen Antisepsis in Frage kommt.

12. Pyämie.

Die Sterblichkeit an Pyämie (Tabelle 4, Spalte m, S. 34) betrug in den Jahren:

1871—80 im Durchschnitt   2,46 p. M.
1881—90   „   „   1,89 „ „

---

1) Zeitschrift für Geburtshilfe und Gynäkologie III, S. 17 (1878).
2) a. a. O. XVI, S. 419 (1889).

Sie hat also — wohl dank der Einführung der Antiseptik — abgenommen wie das Puerperalfieber (S. 42).

Uebrigens verbergen sich unter der Diagnose „Pyämie" gewiß mancherlei verschiedene Affektionen, z. B. Puerperalfieber sowie die Folgezustände chirurgischer und gynäkologischer Operationen.

13. Carcinom (Krebs).

Die Werte für Carcinom sind durch Vereinigung der in den „Veröffentlichungen" für Carcinoma + tumores alii + Neubildungen der Gebärmutter errechnet worden. Die Tabelle 4, Spalte l (S. 34), zeigt eine Zunahme der Sterbefälle an Carcinom. Die 10-jährigen Durchschnitte ergeben:

1871—80: 18,12 p. M. Mortalität
1881—90: 30,50 „ „

Hiermit stimmt auch das Ergebnis der Tabelle 10 s. u. überein. Denn während die Sterblichkeit an Carcinom für 1000 Personen der Altersklassen 30—x Jahre beiderlei Geschlechts 0,24 im Jahre 1871 betrug, stieg der vergleichbare Wert im Jahre 1890 auf 2,09 Promille.

Tabelle 10.

Sterbefälle an Carcinom berechnet auf beide Geschlechter der Altersklassen 30—x Jahre.

Jahr	Carcinomfälle absolut	Auf 1000 Personen der Altersklassen 30—x Jahr starb. an Carcinom	Altersklasse 30—x Jahre beide Geschlechter
1871	132	0,42	312 613
1875	455	1,24	364 619
1880	701	1,58	442 512
1885	866	1,62	532 124
1890	1158	2,09	553 518

In Tabelle 11 (S. 44) ist die Sterblichkeit an Carcinom ausschließlich für Personen weiblichen Geschlechts, und zwar für 5-jährige Altersklassen von 30—x berechnet worden. Auch hier hat die Sterblichkeit zugenommen.

Vielleicht läßt sich dies Resultat durch die Fortschritte der ärztlichen Diagnostik — wenigstens zum Teil — erklären.

Tabelle 11.
Todesfälle an Carcinom bei Frauen in Promille der einzelnen Altersklassen.

Altersklasse	1871	1875	1880	1885	1890
30—35	0,26	0,19	0,30	0,33	0,31
35—40	0,57	0,61	0,72	1,00	0,70
40—45	0,75	1,17	1,77	1,52	1,72
45—50	1,08	2,21	2,37	2,35	2,08
50—55	2,19	2,50	2,81	2,83	2,75
55—60	2,24	2,43	3,84	3,49	4,90
60—x	3,03	3,63	4,73	4,23	5,14

14. Typhus abdominalis (Nervenfieber) und Febris gastrica (Gastrisches Fieber).

Die mir zugängliche Litteratur über die Berlin betreffende Typhusstatistik habe ich in der Anmerkung citiert[1]).

Meine eigenen Berechnungen betreffen:
a) Sterblichkeit an Typhus abdominalis in Promille der Gestorbenen exkl. der Totgeborenen,
b) Sterblichkeit an Febris gastrica in Promille der Gestorbenen exkl. der Totgeborenen,
c) Sterblichkeit an Febris gastrica + Typhus abdominalis.

a) Sterblichkeit an Typhus abdominalis.

Aus Tabelle 4, Spalte v (S. 35) ergiebt sich eine bedeutende Abnahme der Typhussterblichkeit seit 1883.

---

1) Virchow, Generalbericht. Berücksichtigt die Typhusstatistik bis 1872. Derselbe, Gesammelte Abhandlungen II, S. 436 (Titel: Typhus und Städtereinigung). Dort auch weitere Literatur: Albu, Rath. R. Boeckh, Bewegung der Bevölkerung der Stadt Berlin. Angaben bis 1878. Reiches Material bieten die Statistischen Jahrbücher der Stadt Berlin, namentlich seitdem dieselben von Boeckh herausgegeben werden, also von Band 7 (1879) an. Vergl. ferner die „Veröffentlichungen des städt. statist. Bureaus, Supplement I", welche alljährlich erscheinen. Siehe auch die Festschriften, welche die Stadt Berlin der 59. Naturforscherversammlung und dem 10. internat. ärztl. Kongresse darbrachte. A Wernich, Deutsche med Wochenschr., 1883, Nr. 2. Derselbe, Centralbl. f. allgem. Gesundheitspfl., VII, S. 393 (1888). Guttstadt streift auch die Typhussterblichkeit in Berlin im Verlaufe einer sehr interessanten Arbeit über die Ergebnisse der Behandlung des Typhus abdominalis und die Leistungen der Hygiene. Verhandl. d. Ver. für innere Medizin, Januar 1886, und Deutsche med. Wochenschr., 1886. Vergl. auch die S. 31 und im Literaturverzeichnis citierten Polizeiberichte. Fürbringer, Berl. klin. Wochenschr., 1889. R. Virchow, ebendaselbst, 1890, S. 310, und 1893.

— 45 —

b) **Sterblichkeit an Febris gastrica.**
Dieselbe zeigt auch im 10-jährigen Durchschnitt keine wesentliche Aenderung (s. Tabelle 4, Spalte w, S. 35). Dies Ergebnis ist recht auffallend, denn die meisten Aerzte bezeichnen mit der Diagnose Febris gastrica nichts anderes als einen leichten, einen sogenannten Abortivtyphus, wenn nicht etwa dasjenige aus Gefälligkeit Febris gastrica genannt wurde, was man sich mit dem wahren Namen zu bezeichnen scheute.

c) **Sterblichkeit an Typhus abdominalis + Febris gastrica.**

Um einen sicheren Ueberblick über die Sterblichkeit an Typhus abdominalis zu gewinnen, dürfte es am geratensten sein, die Sterblichkeitswerte für Typhus abdominalis und Febris gastrica zu addieren. Dies ist in Tabelle 4, Spalte x (S. 35) geschehen.

Hier zeigt sich eine sichere Abnahme der Sterblichkeit.

Die aus Tabelle 4, Spalte v + w abgeleiteten Werte für einen 10-jährigen Durchschnitt der Typhusmortalität sind die folgenden:

	Typh. abdom.	Febr. gastr.	Typh. + Febr. gastr.
1871—80	23,05	6,26	29,31
1881—90	7,13	6,48	13,61

Zu größerer Sicherheit wurde dann noch (Tabelle 12) die **Sterblichkeit an Typhus abdominalis nach Altersklassen** berechnet.

Auch hierbei ergab sich für jede einzelne Altersklasse ein Absinken der Typhusmortalität seit 1871.

Tabelle 12.
Sterblichkeit an Typhus abdominalis (exkl. Febris gastrica) in Promille der Lebenden nach Altersklassen.

Altersklasse	1871	1875	1880	1885	1890
0—5	1,7	0,8	0,2	0,09	0,04
5—10	0,7	0,6	0,3	0.1	0,03
10—15	0,5	0,5	0,3	0,1	0,09
15—20	0.8	1,6	0.5	0,2	0,16
20—25	0,7	1,3	0,7	0,2	0,14
25—30	0.7	0,7	0,4	0.1	0,09
30—35	0.8	0,7	0,5	0,2	0,09
35—40	0.8	0,6	0,4	0,1	0,09
40—45	0,8	0,5	0,4	0,1	0,05
45—50	1.0	0,4	0,3	0,09	0,08
50—55	0,8	0.7	0,1	0,1	0,08
55—60	0.7	0,8	0,3	0,05	0,07
60—65	1,2	1,2	0,4	0,1	0,03
65—70	1,7	0,5	0,4	0,5	0,08
70—75	2,2	0,8	0,4	0,2	0,13
75—80	2,9 } 4,6	} 1,9	} 0.4	—	—
80—x	1.7				

Wenn man die Häufigkeit der Erkrankungen [1]) an Typhus — und daher auch die Typhusmortalität — als Indikator für den hygienischen Zustand einer Stadt betrachtet, so haben sich die hygienischen Verhältnisse Berlins (wofür diese Schrift auch sonst genügende Beweise erbringt) bedeutend verbessert. Allerdings darf man, hierauf macht auch Guttstadt in der Seite 44 Anmerkung 1 citierten Arbeit aufmerksam, nicht vergessen, daß wahrscheinlich auch die Erfolge der Typhustherapie größere geworden sind.

Wenn nun diese therapeutischen Fortschritte vielleicht auch ein geringes Absinken der Sterblichkeit veranlaßt haben mögen, für Berlin wenigstens ist es wohl berechtigt, die Frage aufzuwerfen, ob nicht so eingreifende hygienische Maßregeln, wie sie die Herstellung der Wasserleitung und Kanalisation es sind, ihren Einfluß auf die Typhussterblichkeit ausgeübt haben.

Die Berliner Wasserleitung wurde 1856 eröffnet.

Leider besitzen wir keine Statistik über die Typhussterblichkeit vor 1854. Aber die Kurve Nr. 2 zeigt, daß die Typhussterblichkeit nach 1856 und zwar bis 1871 allmählich bis auf 24 p. M. sank. Das niedrige Niveau jedoch, auf dem die Typhussterblichkeit sich nun bereits seit Anfang der 80er Jahre hält, wurde aber erst nach Einführung der Kanalisation erreicht, die mit der Eröffnung von Radialsystem 3 im Jahre 1878 ihren Anfang nahm.

Für einen Einfluß der Kanalisation auf die Typhussterblichkeit sprechen auch die folgenden Zahlen, welche die Sterblichkeit an Typhus abdominalis resp. an Typhus und nervösem Fieber [2]), im 10- beziehentlich 7-jährigen Durchschnitt berechnet auf 1000 Gestorbene, angeben:

Durchschnitt für das Septennium 1854—1860 = 38,8 p. M. [3])
„   „   „ Dezennium 1861—1870 = 30,26 „
„   „   „   „   1871—1880 = 23,05 „
„   „   „   „   1881—1890 = 7,13 „

---

1) Auf die Statistik der Typhuserkrankungen in Berlin ist hier keine Rücksicht genommen worden. Das über dieselben vorliegende Material ist zuletzt von Pistor in kritischer Weise verwertet worden, siehe Pistor, Das öffentliche Gesundheitswesen und seine Ueberwachung in der Stadt Berlin während der Jahre 1886, 1887 und 1888, S. 32 ff.

2) Dies ist die von R. Virchow in seinem Generalbericht, Tafel III, gewählte Bezeichnung.

3) Für die Jahre 1854—70 wurden die Zahlen des Generalberichts von R. Virchow (Tafel III) benutzt, für die Jahre 1871—90 die von mir berechneten und S. 35, Tabelle 4 abgedruckten Werte. Die Zahlen Virchow's wurden auf 1000 Gestorbene umgerechnet. Die Zahlen

proMille 47
46
45
44
43
42
41

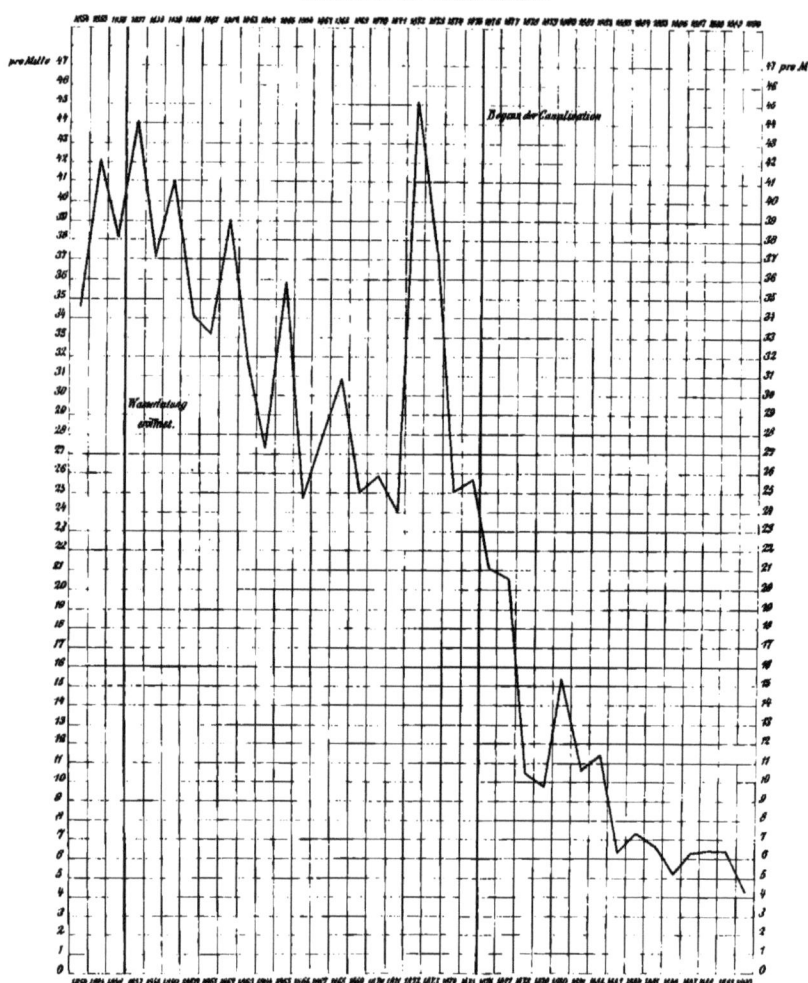

— 47 —

Da nun die Typhussterblichkeit ohne menschliche Einwirkung der Erfahrung nach sich nicht zu bessern pflegt, wird auch für Berlin ein Einfluß der hygienischen Werke auf die Typhussterblichkeit nicht zu leugnen sein.

Dagegen dürfte sich nach der heutigen Lage unserer Kenntnisse über die Entstehung, Ausbreitung und Bekämpfung des Abdominaltyphus nicht mit Sicherheit entscheiden lassen, ob die Wasserleitung allein oder die Kanalisation allein, oder die Verbindung von Kanalisation und Wasserleitung die Typhusmortalität am stärksten beeinflußt habe.

Zwar ist ja nach Einführung der Kanalisation die Typhusmortalität noch weiter heruntergegangen: aber der Skeptiker könnte mit Recht sagen, dies sei erfolgt, weil die Einführung der Wasserleitung noch nach Eröffnung der Kanalisation fortgewirkt habe. Es dürfte schwer sein, diesen Einwand zu entkräften.

In Danzig[1]) wurde der Typhus bekanntlich durch die Quellwasserleitung wenig beeinflußt, während die Herstellung der Schwemmkanalisation ein schnelles Absinken der Typhusmortalität zuwege brachte.

Auch in München[2]) ist die Quellwasserleitung ohne wesentlichen Einfluß auf die Typhusmortalität gewesen. Dagegen sank die Typhusfrequenz nach Herstellung guter Kanäle und Abtrittsgruben um mehr als ein Drittel[3]).

In gleichem Sinne spricht sich auch P. Baron aus, welcher auf Finkelnburg's Veranlassung die Frage nach der Beeinflussung der Typhusfrequenz durch Wasserleitung und Kanalisation unter allen mir bekannten Forschern für deutsche Städte am eingehendsten untersuchte.

Nach Baron[4]) hat sich (S. 344 der citierten Abhandlung) eine Beeinflussung der Typhusfrequenz durch eine Wasser-

---

Virchow's und meine eigenen sind direkt vergleichbar, da ihnen dasselbe Urmaterial (die Veröffentlichungen des städt. statist. Bureaus) zu Grunde liegt.
1) Centralblatt für allgemeine Gesundheitspflege, IV, S. 3.
2) Pettenkofer, Der epidemiologische Teil des Berichtes u. s. w., München 1888. Emmerich, in Virchow-Hirsch, Jahresbericht 1889, I, S. 590, und M. Koeniger, Cholera und Typhus in München, Heft II.
3) Pettenkofer, Vierteljahrschr. f. öffentl. Gesundheitspfl., 1874 (citiert von Baron, a. a. O. S. 346, Anm. 1).
4) Baron, Centralblatt für allgemeine Gesundheitspflege, V, S. 335 (1886).

leitung nicht erweisen lassen. Dagegen wirkte nach demselben Autor eine gut angelegte Kanalisation auf die Typhusfrequenz vermindernd ein (S. 352 der citierten Abhandlung).

Auch in Frankfurt a/M. hat nach G. Varrentrapp[1]) die Kanalisation eine Verminderung der Todesfälle an Abdominaltyphus herbeigeführt. Allerdings sollte bei allen diesen Betrachtungen nicht vergessen werden, daß in den meisten deutschen Städten das Niveau der Typhuserkrankungen sich gesenkt hat [2]).

Es wäre schließlich noch der Einwand denkbar, als wenn die **Sterblichkeit an Typhus abdominalis in den letzten Jahren überhaupt, d. h. auch außerhalb Berlins abgenommen habe.**

Um über diesen Punkt möglichsten Aufschluß zu erhalten, habe ich die Typhussterblichkeit in den Kliniken der preußischen Universitäten, ferner in den Münchener Krankenhäusern rechts und links der Isar festgestellt. Wie die nachstehende Tabelle 12a (S. 49) zeigt, hat die Typhussterblichkeit an den angegebenen Orten regellos gewechselt [3]).

Und so wäre denn der oben ausgesprochene Einwand **nach Möglichkeit** bekämpft.

Wir werden also geneigt sein, **die Abnahme der Typhussterblichkeit in Berlin auf die hygienischen Werke der Stadt zu beziehen.**

---

1) Varrentrapp, Vierteljahrschr. f. öffentl. Gesundheitspfl., XII, S. 558 (1880).

2) Die Medizinalstatistiken der englischen Städte sind zum Teil recht unvollkommen und daher mit großer Vorsicht zu verwerten. Vergl. R. Virchow, Ges. Abhandl., II, S. 235.

3) Hierfür wurden benutzt: Guttstadt, Klinisches Jahrbuch, 1887 bis 92. In den Jahrgang 1891/92, der noch nicht erschienen ist, gestattete mir Prof. Guttstadt freundlichst Einblick zu nehmen. Ferner Ziemßen, Annalen der städtischen allgemeinen Krankenhäuser zu München, 1876—89. Für die auf folgender Seite abgedruckte Tabelle sind die Fälle aus beiden städtischen Krankenhäusern (rechts und links der Isar) benutzt worden. Die Zahlen der im Allgemeinen Krankenhaus zu Wien behandelten Typhusfälle sind zu klein, um sich statistisch verwerten zu lassen (siehe Aerztlicher Bericht des k. k. allgemeinen Krankenhauses 1884—89).

Tabelle 12a.
Typhussterblichkeit.
A. In den preußischen Universitätskliniken.

Jahr	Behandelt[1]	Gestorben absolute Zahlen	Gestorben pro 100 Behandelte
1887/88	286	21	7,3
1888/89	403	42	10,4
1889/90	523	67	12,8
1890/91	386	29	7,5
1891/92	274	27	9,8

B. In den beiden Münchener städtischen Krankenhäusern.

1876	416	47	11,3
1877	804	78	9,3
1878	577	52	9,0
1879	1046	111	10,6
1880	685	52	7,6
1881	145	9	6,2
1882	113	8	7,1
1883	170	21	12,3
1884	185	10	5,4
1885	211	25	11,8
1886	168	22	13,1
1887	165	12	7,2
1888	149	17	11,4
1889	145	11	7,2

15. Typhus (Febris) recurrens.

Der Recurrens hat seit 1884 keinen Todesfall mehr veranlaßt. Siehe Tabelle 4, Spalte s (S. 35).

16. Typhus exanthematicus.

Die Zahlen des städtischen statistischen Bureaus weichen von denen des Polizeibureaus in einigen Jahren bedeutend ab (siehe den Anhang). Todesfälle an Typhus exanthematicus sind seit 1884 nicht mehr gemeldet worden (siehe Tabelle 4, Spalte r, S. 35 Zahlen des städtischen statistischen Bureaus, und Spalte u Zahlen des Polizeipräsidiums).

Dies erfreuliche Resultat wird von Pistor mit Recht auf die bessere Ueberwachung der niederen Herbergen und auf die vortrefflichen Einrichtungen des städtischen Obdachs zurückgeführt.

[1] Für „München" setzt sich die Rubrik „Behandelt" zusammen aus „Restbestand + Zugang".

17. Cholera asiatica.

Todesfälle an Cholera asiatica sind von 1873 bis 1890 nicht gemeldet worden.

18. Pocken und Windpocken.

Ueber den Verlauf der Pocken in Berlin bis zum Jahre 1872 hat Guttstadt [1]) eine eingehende statistische Untersuchung veröffentlicht. Das Material für die folgenden Jahre findet sich in den Veröffentlichungen des städtischen statistischen Amtes und in den Verwaltungsberichten des Polizeipräsidiums.

Meine eignen Berechnungen finden sich in Tabelle 4, Spalte p und q (S. 35). Die Todesfälle an Windpocken in den Jahren 1888 bis 1890 sind wohl auf die wahren Pocken zu beziehen.

Die Tabelle 4, Spalte p und q, zeigt, daß seit dem Erlaß des Impfgesetzes, also seit 1874 in Berlin nur zwei unbedeutende Epidemien: 1875 und 1881 zur Beobachtung kamen. In allen übrigen Jahren des Berichtszeitraumes blieb die Sterblichkeit an Pocken eine sehr geringe. Nur im Jahre 1884 stieg dieselbe auf 0,6 p. M.

Aus Abschnitt 2 Kapitel a und b ergeben sich folgende Resultate:

1) *In Berlin hat die Gesamtsterblichkeit seit den letzten* 14 *Jahren, also seit* 1876, *abgenommen. Sie war in der Zeit von* 1840 *bis* 1847 *aber ungefähr ebenso hoch wie in den Jahren* 1876 *bis* 1890

Die Abnahme der Sterblichkeit in den Jahren 1876 *bis* 1890 *betrifft alle Altersklassen, aber besonders auch die Altersklassen* 0 *bis* 1 *und* 0 *bis* 5 *Jahre.*

2) *Ein Einfluß der* 1856 *eröffneten Wasserleitung auf die Sterblichkeit ist nicht mit Sicherheit festzustellen. Dagegen hat die Kanalisation der Stadt, welche* 1876 *begann, die Sterblichkeit günstig beeinflußt.*

3) *Die Mortalität an folgenden Krankheiten hat*
   a) *zugenommen: Meningitis non tuberculosa, Pneumonie, Carcinom,*
   b) *abgenommen: Tetanus, Brechdurchfall in geringem Maße, Dysenterie, Tuberkulose in toto, Eklampsie, Pyämie,*

---

1) Zeitschr. d. Königl. preuß. statist. Bureaus, XIII, S. 116 (1873).

Febris puerperalis, Typhus abdominalis [1]), *Recurrens, Exanthematicus, Pocken,*

c) *solchen Schwankungen unterlegen*, dafs über Zu- oder Abnahme nichts Sicheres ausgesagt werden kann: *Diphtherie und Croup, Masern, Scharlach, Keuchhusten, Diarrhöe.*

C. Die Sterblichkeit nach Standesämtern (Stadtteilen) und Radialsystemen. Einflufs der Kanalisation auf die Standesämter.

Untersuchungen über die Sterblichkeit nach Standesämtern (Stadtteilen) und nach Radialsystemen setzen eine Ausbildung der Lokalstatistik voraus, wie sie Berlin erst seit Errichtung der Standesämter, also seit Herbst 1874, besitzt [2]). Seit dieser Zeit nehmen aber die Statistischen Jahrbücher der Stadt Berlin und die S. 31 citierten Polizeiberichte stets auf die Sterblichkeit der Stadtbezirke Rücksicht. Doch scheint eine Berechnung der Todesfälle auf die in den einzelnen Standesämtern Lebenden noch nicht geschehen zu sein.

Aus den S. 29 entwickelten Gründen kamen für die folgenden Untersuchungen nur die Volkszählungsjahre 1871, 75, 80, 85 und 90 in Betracht.

1. Die Sterblichkeit der Standesämter.

Ueber die Gewinnung des Urmaterials ist S. 26 und 27 und im Anhang das Wichtigste gesagt:

Aus Tabelle 13 (S. 52), Sterblichkeit der Altersklasse 0—5 Jahre des betreffenden Standesamtes in Promille der in den einzelnen Standesämtern Lebenden, ergiebt sich zunächst, daß die Kindersterblichkeit (Altersklasse 0 bis 5 Jahr) in allen Standesämtern ohne Ausnahme seit 1875 abgenommen hat [3]).

---

1) Es wäre wünschenswert, die Sterblichkeit am Typhus abdominalis in Berlin für jedes Jahr auf einen Stadtplan aufzutragen und diese für die Hygiene wichtigen Dokumente zu veröffentlichen, wie dies in Paris geschieht. Aber wo findet sich ein Verleger für eine solche Publikation?

2) Ueber frühere in der angedeuteten Hinsicht unternommene Versuche siehe Virchow, Generalbericht, und Boeckh, Bewegung der Bevölkerung.

3) Für das Jahr 1871 fehlte das Urmaterial.

Tabelle 13.
Kindersterblichkeit nach Standesämtern in Promille der Altersklassse 0—5 Jahr¹).

Jahr	Kinder unter 5 Jahren	Sterbefälle unter 5 Jahren	Sterblichkeit in Promille der Kinder unter 5 Jahren	
	Standesamt 1 zu Radialsystem 3.			
1871 1875	6 048	988	16,34	seit 1. Januar 1876 kanalisiert
1880	5 453	591	10,84	
1885	4 372	386	8,84	
1890	3 495	307	8,78	
	Standesamt 2 zu Radialsystem 3.			
1871 1875	6 095	755	12,39	seit 1. Januar 1876 kanalisiert
1880	5 848	512	8,76	
1885	4 645	313	6,74	
1890	4 208	261	6,20	
	Standesamt 3 zu Radialsystem 3.			
1871 1875	4 617	541	11,71	seit 1. Januar 1876 kanalisiert
1880	7 851	653	8,32	
1885	8 395	577	6,87	
1890	7 949	598	7,52	
	Standesamt 4 zu Radialsystem 6.			
1871 1875	6 551	958	14,62	
1880	11 223	1338	11 92	seit September 1885 kanalisiert
1885	13 001	1222	9,40	
1890	16 701	1449	8,68	
	Standesamt 5 zu Radialsystem 1.			
1871 1875	14 021	2812	20,06	seit Sommer 1879 kanalisiert
1880	18 816	2902	15,42	
1885	18 511	2399	12,96	
1890	22 151	2528	11,41	
	Standesamt 6 zu Radialsystem 2.			
1871 1875	12 611	1892	15,00	seit Sommer 1879 kanalisiert
1880	12 722	1388	10,91	
1885	11 323	1176	10,39	
1890	10 109	867	8,58	

¹) In der Tabelle 13 ist der Eintritt der Kanalisation durch Unterstreichen angedeutet. Es muß beachtet werden, daß der Volkszählungstermin auf den 1. Dezember fällt, daher muß z. B. eine erst im September 1885 beginnende Kanalisation durch Unterstreichung der für 1880 geltenden Sterbezahl bezeichnet werden.

— 53 —

Jahr	Kinder unter 5 Jahren	Sterbefälle unter 5 Jahren	Sterblichkeit in Promille der Kinder unter 5 Jahren	
	Standesamt 7 zu Radialsystem 5.			
1871				
1875	14 580	2754	18,89	
1880	19 864	3269	16.46	seit 1. April 1881 kanalisiert
1885	20 400	2776	13.57	
1890	21 999	2672	12.15	
	Standesamt 8 zu Radialsystem 5.			
1871				
1875	6 464	1197	18,52	
1880	7 882	1159	14,70	seit 1. April 1881 kanalisiert
1885	8 284	1032	12.46	
1890	9 324	1092	11,71	
	Standesamt 9 zu Radialsystem 4.			
1871				
1875	6 400	1026	16.03	seit 1. Juli 1879 kanalisiert
1880	6 404	836	13,05	
1885	6 040	752	12,45	
1890	6 070	667	10,99	
	Standesamt 10 A und B, teils zu Radialsystem 4, teils zu Radialsystem 10.			
1871				
1875	9 702	1974	20,35	seit 1. Juli 1879 kanalisiert (Rad.- Syst. 4)
1880	16 809	2757	16.40	
1885	17 875	2290	12.81	seit 1. Mai 1890 kanalisiert (Rad.- Syst. 10)
1890	21 752	2588	11,90	
	Standesamt 11 zu Radialsystem 4.			
1871				
1875	9 902	1846	18.64	seit 1. Juli 1879 kanalisiert
1880	12 001	1813	15.11	
1885	12 302	1488	12.10	
1890	13 317	1551	11,65	
	Standesamt 12 zu Radialsystem 8.			
1871				
1875	4 168	684	16,41	
1880	5 979	936	15.65	
1885	7 568	821	10.85	seit 1. September 1890 kanalisiert
1890	13 526	1332	9,85	
	Standesamt 13 zu Radialsystem 9, das bis Ende 1890 nicht eröffnet ist.			
1871				
1875	6 951	1490	21,43	
1880	9 245	1378	14.91	
1885	10 443	1596	15.28	
1890	13 859	1718	12.40	bis Dezember 1890 nicht kanalisiert

In wie verschiedenem Maße dies der Fall ist, ergiebt sich aus Tabelle 14 (s. u.). Es schwankt nämlich die Sterblichkeitsdifferenz der Altersklasse 0—5 in den Jahren 1875—90 in den einzelnen Standesämtern zwischen 4,19 p. M. und 9,03 p. M. Eine Berechnung der Sterblichkeit für die übrigen in den einzelnen Standesämtern Lebenden nach 5-jährigen Altersklassen mußte unterbleiben, weil eine Auszählung nach den angegebenen Gesichtspunkten nicht erfolgt ist.

Tabelle 14.

Sterblichkeitsdifferenz der Altersklasse 0 bis 5 für die Jahre 1875 bis 1890 in Promille der Lebenden dieser Altersklasse nach Standesämtern.

Standesamt	Sterblichkeitsdifferenz	Kanalisiert	Radialsystem
3	4,19	Januar 1876	No. 3
9	5,04	Juli 1879	4
4	5,94	September 1885	6
2	6,19	Januar 1876	3
6	6,42	Sommer 1879	2
12	6,56	Ende 1890	8
7	6,74	April 1881	5
8	6,81	April 1881	5
11	6,9	Juli 1879	4
1	7,56	Januar 1876	3
10	8,45	Juli 1879 und 1890	4 u. 10
5	8,65	Sommer 1879	1
13	9,03	bis 1890 nicht kanal.	jetzt (1892) No. 9

Wir haben uns deshalb mit der Tabelle 15 (S. 55) zu begnügen. Aus derselben geht hervor, daß in allen Standesämtern die Sterblichkeit aller Altersklassen der im Standesamte Lebenden, bezogen auf je 1000 Todesfälle in dem betreffenden Standesamte, abgenommen hat.

Daß sich die einzelnen Standesämter auch hier wiederum verschieden verhalten, zeigt Tabelle 16 (S. 57), in welcher die Sterblichkeitsdifferenz der Jahre 1871—90 für die einzelnen Standesämter zwischen 7,4 und 24,25 schwankt.

Tabelle 15.
Gesamtsterblichkeit nach Standesämtern in Promille der im Standesamte Lebenden¹) (s. Anm. zu Tabelle 13).

Jahr	Lebende im Standesamt	Sterbefälle im Standesamt	Sterblichkeit in Promille der im Standesamt Lebenden	
		Standesamt 1 zu Rad.-Syst. 1		
1871	78 292	2 356	30,09	
1875	73 737	2 025	27,46	seit 1. Januar 1876 kanalisiert.
1880	64 931	1 375	21,18	
1885	62 132	1 117	17 98	
1890	58 358	890	15,25	
		Standesamt 2 zu Rad.-Syst. 3		
1871	76 288	2 093	27,44	
1875	72 865	1 586	21.77	seit 1. Januar 1876 kanalisiert.
1880	69 892	1 253	17,93	
1885	69 026	988	14.31	
1890	68 136	832	12,21	
		Standesamt 3 zu Rad.-Syst. 3		
1871	?	?		
1875	45 967	1 021	22,21	seit 1. Januar 1876 kanalisiert.
1880	70 259	1 295	18,43	
1885	93 420	1 423	15,23	
1890	101 731	1 504	14,78	
		Standesamt 4 zu Rad.-Syst. 6		
1871	?			
1875	61 425	1 621	26,39	
1880	89 545	2 262	25.26	seit September 1886 kanalisiert.
1885	117 668	2 350	19,97	
1890	158 713	2 911	18,34	
		Standesamt 5 zu Rad.-Syst. 1		
1871	62 441	2 868	45,93	
1875	100 974	4 063	40,24	seit Sommer 1879 kanalisiert.
1880	123 777	4 321	34,91	
1885	143 123	3 902	27,26	
1890	178 731	4 117	23.03	
		Standesamt 6 zu Rad.-Syst. 2		
1871	123 505	4 029	32,62	
1875	125 882	2 346	18.64	seit Sommer 1879 kanalisiert.
1880	124 881	2 820	22,58	
1885	130 411	2 606	19,98	
1890	130 930	2 115	16,15	

1) In der Tabelle 15 wurde der Eintritt der Kanalisation durch Unterstreichen angedeutet. Es muß beachtet werden, daß der Volkszählungstermin am 1. Dezember liegt. Daher war z. B. eine im September 1885 beginnende Kanalisation durch Unterstreichung der pro 1880 geltenden Sterbezahl zu bezeichnen.

Jahr	Lebende im Standesamt	Sterbefälle im Standesamt	Sterblichkeit in Promille der im Standesamt Lebenden	
		Standesamt 7 A und B zu Rad.-Syst. 5		
1871	101 846	4 756	46,69	
1875	115 895	4 211	36,33	
1880	142 401	5 030	35.32	seit 1. April 1881 kanalisiert.
1885	168 044	4 809	28,02	
1890	193 501	4 596	23,75	
		Standesamt 8 zu Rad.-Syst. 5		
1871	49 576	2 211	44,60	
1875	57 471	2 210	38.45	
1880	63 192	2 093	33.12	seit 1. April 1881 kanalisiert.
1885	76 521	2 060	26.92	
1890	91 611	2 436	26,59	
		Standesamt 9 zu Rad.-Syst. 4		
1871	71 465	2 373	33,21	
1875	69 334	1 945	28,05	seit 1. Juli 1879 kanalisiert.
1880	67 390	1 702	25.26	
1885	73 124	1 728	23.63	
1890	78 953	1 675	21,22	
		Standesamt 10 A und B zu Rad.-Syst. 4 und 10		
1871	46 244	2 135	46,17	
1875	74 584	2 837	38.04	Rad.-Syst. 4 seit Juli 1879 eröffn.
1880	113 453	4 012	35.30	
1885	139 604	3 787	27.13	Rad.-Syst. 10 seit April 1890 eröffn.
1890	175 865	4 205	23,91	
		Standesamt 11 zu Rad.-Syst. 4		
1871	70 886	3 357	47,36	
1875	78 359	2 896	36.96	seit 1. Juli 1879 kanalisiert.
1880	88 359	2 932	33,18	
1885	102 251	2 639	25,81	
1890	121 015	2 797	23,11	
		Standesamt 12 zu Rad.-Syst. 8		
1871	34 289	1 019	29,72	
1875	41 217	1 420	34,45	
1880	47 608	1 692	35,54	
1885	67 865	1 679	24.74	seit 1. September 1890 kanalisiert.
1890	125 875	2 633	20.91	
		Standesamt 13 [zu Rad.-Syst. 9 bis Ende 1890 nicht eröffnet]		
1871	25 342	1 242	49.01	
1875	45 260	2 044	45,16	
1880	54 096	2 036	37,64	
1885	69 526	2 395	34 45	
1890	95 375	2 682	28.12	bis 31. Dezember 1890 nicht kanalisiert.

Plan von Berlin mit Standesämtern und Radialsystemen.

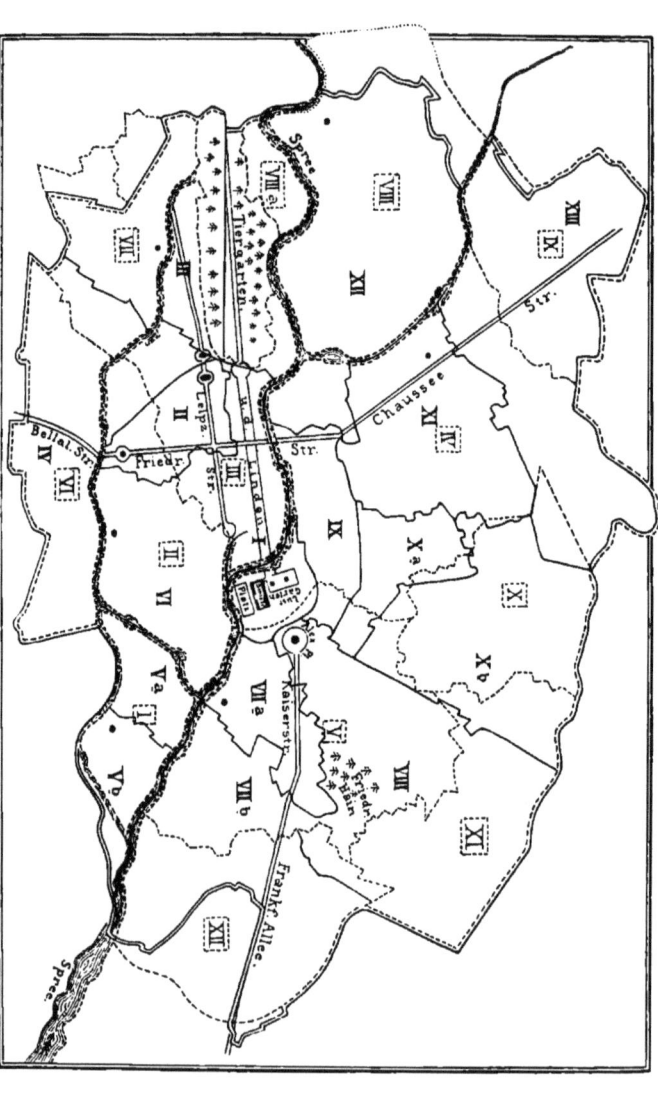

Der Plan giebt die Grenzen der Radialsysteme in unterbrochenen Linien: ———, die Grenzen der Standesämter in nicht unterbrochenen Linien: ———. Die Zahlen bedeuten die Nummern der Standesämter, beziehentlich der Radialsysteme. Die Nummern der Radialsysteme sind umrahmt: ⬚XII⬚.

Tabelle 16.
Differenz in der Sterblichkeit zwischen 1871 und 1890 für alle Altersklassen in Promille der in den betreffenden Standesämtern Lebenden nach Standesämtern.

Standesamt	Differenz	Kanalisiert	Radialsystem
3	7.43	Januar 1876	3
4	8.05	September 1885	6
12 [1])	8.81	Ende 1890	8
9	11.99	Juli 1879	4
1	14.84	Januar 1876	3
2	15.23	Januar 1876 u. Sommer 1879	3
6	16.47	Sommer 1879	2
8	18,01	April 1881	5
13	20.89	nicht kanalisiert	9
10	22.26	Juli 1879 und 1890	4 u. 10
5	22,90	Sommer 1879	1
7	22,94	April 1881	5
11	24,25	Juli 1879	4

2. Die Sterblichkeit nach Radialsystemen.

Eine Auszählung der Sterbefälle nach Radialsystemen hat in Berlin bedauerlicherweise niemals stattgefunden, obgleich gerade diese den besten Maßstab dafür abgeben müßte, ob die Sterblichkeit sich unter dem Einflusse der Kanalisation verändert habe [2]).

Es schien nun aber denkbar, dem Ziele auf folgendem Wege nahe zu kommen. Auf einen der käuflichen Pläne Berlins, der mit einer Einteilung der Standesämter und Stadtbezirke versehen war, ließ mir auf meine Bitte der städtische Bauinspektor, Herr Adams, dem ich auch an dieser Stelle für sein freundliches Entgegenkommen bestens danke, die Grenzen der Radialsysteme auftragen. S. den Plan. Es geschah dies in der Hoffnung, daß vielleicht die Grenzen einzelner Radialsysteme mit den Grenzen einiger Standesämter wenigstens ungefähr zusammenfallen würden.

Diese Hoffnung hat sich für 2 Radialsysteme er-

---

1) Im Standesamt 12 war die Mortalität von 1871—80 von 29,72 bis 35,54 gestiegen, dann aber gefallen.

2) Es scheint mir kein unbilliges Verlangen zu sein, daß die Stadt Berlin, welche den Theoretikern so viel Unterstützung bei der praktischen Ausgestaltung ihrer hygienischen Einrichtungen verdankt, nun einmal den Theoretikern zu Liebe die zur Auszählung der Todesfälle nach Radialsystemen erforderlichen Summen noch nachträglich bewilligt. Die Leiter der städtischen Verwaltung mögen ferner entscheiden, ob sich nicht vielleicht das Radialsystem als höhere Verwaltungseinheit eignet.

füllt. Es entsprechen nämlich die Standesämter 5a und 5b genau dem Radialsystem 1, und das Standesamt 4 entspricht genau dem Radialsystem 6[1]).

Da aber für Standesamt 4 und 5 die Elemente der Berechnung, nämlich Sterbefälle und Lebende nach Standesämtern wenigstens für die Volkszählungsjahre genau vorliegen, bietet die Berechnung der Sterbefälle für die genannten Radialsysteme in Promille der im Standesamte Lebenden keine Schwierigkeit.

Radialsystem 1.

Dasselbe entspricht genau dem Umfange der Standesämter 5 A und 5 B (Louisenstadt jenseits des Kanals). Es wurde bereits im Sommer 1879 in Betrieb gesetzt.

Wie die Tabelle 17 (S. 59) zeigt, fiel die Sterbeziffer um 5,3 p. M. nach Einführung der Kanalisation.

Radialsystem 6.

Dasselbe entspricht Standesamt 4 (Obere Friedrichs-Vorstadt + Tempelhofer-Vorstadt). Es wurde erst 1885 dem Betriebe übergeben.

Die Sterbeziffern sind auffallend niedrig und nach Einführung der Kanalisation nur um 1,6 p. M. gefallen. (Siehe Tabelle 17 S. 59).

Ist nun ein Einfluß der Kanalisation auf die Sterblichkeit der Standesämter und Radialsysteme nachweisbar?

Die Berliner Statistiker haben diese Frage natürlich schon vor mir aufgeworfen.

Zunächst suchten Boeckh und Lackner[2]) (Bericht über die Berliner Volkszählung von 1880, Heft I, S. 44) zu ermitteln, ob die Sterblichkeit der kanalisierten Häuser niedriger ist als die der nicht kanalisierten. Sie waren in der Lage, ihre Studien auch auf das der Volkszählung folgende Jahr 1881 ausdehnen zu können.

Obgleich nun bis zum Jahre 1881 erst 5 Radialsysteme eröffnet waren und dieselben erst kurze Zeit funktionierten[3]), ließ sich trotzdem nachweisen, daß die Sterbeziffer der kanalisierten, wenn auch

---

1) In allen übrigen Fällen greifen die Standesämter in mehr als ein Radialsystem über. So besteht Radialsystem 2 aus dem Standesamt 6 und Teilen von Standesamt 2; Radialsystem 3 enthält Standesamt 2, ferner Teile von Standesamt 3 und 1.

2) Siehe auch Statistisches Jahrbuch der Stadt Berlin, X, S. 34.

3) Die Radialsysteme 1, 2, 4 waren seit dem Sommer 1879, Nr. 3 seit Januar 1876, Nr. 5 erst seit April 1881 im Betrieb.

Tabelle 17.
Sterblichkeit nach Radialsystemen in Promille der im betreffenden Radialsystem Lebenden.

Radialsystem 1 = Louisenstadt jenseits des Kanals = Standesamt 5 A und 5 B.
Kanalisiert seit Sommer 1879.

Jahr	Lebende im Radialsystem	Sterbefälle im Radialsystem	Sterbefälle in Promille der Lebenden im Radialsystem	Sterbefälle in Promille der in Berlin Lebenden	Differenz zwischen Kolumne c und d	Behausungsziffer
	a	b	c	d	e	
1871	62 441	2868	45,93	37,24	+ 7,69	83,1
1875	100 974	4063	40,24	32,29	+ 7,95	84,9
1880	123 777	4321	34,91	29,25	+ 5,66	92,4 [1])
1885	143 123	3902	27,26	24,38	+ 2,88	102,5 [1])
1890	178 731	4117	23,03	21,19	+ 1,84	111,5 [1])

Radialsystem 6 = Obere Friedrichsvorstadt und Tempelhofer Vorstadt = Standesamt 4.
Kanalisiert seit September 1886.

Jahr	Lebende	Sterbefälle	c	d	e	Behausungsziffer
1871	?	?	?	37,24		?
1875	61 425	1621	26,39	32,29	— 5,90	?
1880	89 545	2262	25,26	29,25	— 3,99	63,5
1885	117 668	2350	19 97	24,38	— 4,41	68,9
1890	158 713	2911	18,34	21,19	— 2,85	77,7

übervölkerten Häuser geringer war als die der nicht kanalisierten Häuser mit gleicher Behausungsziffer.

Auch die Polizeiberichte für 1879/80, S. 39 (Skrzezka) und für 1886/88, S. 53 (Pistor) stellen fest, daß die Kanalisation einen günstigen Einfluß auf die Typhussterblichkeit ausübte.

Meine eigenen Untersuchungen beziehen sich auf die Frage, ob die Gesamtsterblichkeit der einzelnen **Standesämter** und **Radialsysteme** durch die Einführung der Kanalisation beeinflußt wird.

Derartige Berechnungen setzen die Kenntnis desjenigen Termins voraus, an welchem die Kanalisation eines Standesamts oder Radialsystems vollendet ist. Diese Feststellung bietet aber große Schwierigkeit, weil die Kanalisation, wie bekannt, nicht nach Standesämtern erfolgte, sondern nach Radialsystemen, und weil ferner die Kanalisation eines Radialsystems nicht an einem Tage, ja nicht einmal in einem bestimmten Jahre zum Abschluß kommt. Denn der völlige Ausbau eines Radialsystems vollzieht sich gewöhnlich erst im

---

[1]) Mittelwert aus den Behausungsziffern für Standesamt 5 A und 5 B.

Tabelle 17a.
Hausanschlüsse an die Kanalisation:

Jahr	Radialsysteme							Summe aller Anschlüsse in allen Systemen
	1	2	3	4	5	6	7	
bis 1878	—	—	2415	—	—	—	—	2415
„ 1879	218	572	30	367	—	—	—	1187
„ 1880	749	1507	257	1363	—	—	—	3876
„ 1881	277	697	218	856	341	—	—	2389
1882/83 Quart.	63	48	58	311	202	—	—	682
1883/84 „	20	18	24	608	1016	—	—	1686
1884/85 „	54	24	22	576	1330	—	—	2006
1885/86 „	21	14	14	238	419	78	904	1688
1886/87 „	55	9	20	99	114	974	295	1566
1887/88 „	59	10	14	84	109	156	141	573
1888/90 „	58	4	7	94	123	143	248	677
Summe der Anschlüsse im System bis 1889/90	1514	2903	3079	4596	3654	1351	1588	

Verlaufe mehrerer Jahre je nach der Anzahl der Häuser und Neubauten, die auf Anschluß warten. Die Richtigkeit dieser Behauptungen geht aus Tabelle 17a (s. o.) hervor[1]. Auf derselben sind die in den einzelnen Jahren erfolgten Hausanschlüsse nach Radialsystemen notiert. Man sieht, daß das Maximum der Anschlüsse in den meisten Radialsystemen im Eröffnungsjahre noch nicht erreicht wurde.

Man kann sich nun vorstellen, daß die Sterblichkeit in den Standesämtern, welche das Radialsystem zusammensetzen, wie im Radialsystem selbst erst dann sinken wird, wenn die Kanalisation längere Zeit funktioniert hat, und wenn der größte Teil aller Grundstücke angeschlossen ist.

Es wird aber immer seine Schwierigkeiten haben den Zeitpunkt, an welchem die Einflüsse der Kanalisation sich zeigen, mit Sicherheit zu erkennen, da derselbe in dem einen System nicht zu gleicher Zeit einzutreten braucht wie in dem zweiten, selbst wenn beide Systeme gleichzeitig eröffnet wurden.

Außerdem kann die Sterblichkeit nach Einführung der Kanalisation in einem Stadtteile sinken, ohne daß dies Sinken durch die Kanalisation veranlaßt wurde. Vielleicht fiel z. B. eine Reihe

---

[1] Diese ist dem Statist. Jahrb. der Stadt Berlin, XV, S. 156 (für 1888) entnommen.

alter, von Proletariern dicht bewohnter Häuser einer neuangelegten, breiten Straße zum Opfer. Hierdurch könnte die Sterblichkeit verringert werden. Umgekehrt müßte sie trotz Kanalisation erhöht werden, wenn eine Epidemie von Masern, Scharlach oder Diphtherie in dem kanalisierten Bezirke herrscht [1]). Diese Beispiele werden genugsam zeigen, daß Schlüsse über den Einfluß der Kanalisation auf die Sterblichkeit nur mit großer Vorsicht zu ziehen sind.

α) Sterblichkeit der Radialsysteme
(s. Tabelle 17, S. 59).

In Radialsystem 1 waren die Sterbeziffern vor der Einführung der Kanalisation sehr hoch (45,9 pro 1871 und 40,2 pro 1875), während die Sterbeziffern für ganz Berlin in den gleichen Jahren um 7,6 und 7,9 p. M. niedriger waren. Gleich nach Einführung der Kanalisation sank die Sterbeziffer pro 1880 auf 34,9, obgleich das Radialsystem noch nicht ein volles Jahr funktionierte. Dies Absinken der Sterbeziffer hielt auch in den folgenden 10 Jahren an, sodaß die Sterbeziffer seit Einführung der Kanalisation um 11,9 p. M. gefallen ist. Allerdings darf nicht übersehen werden, daß auch die Sterbeziffer für ganz Berlin inzwischen heruntergegangen war, wie Kolonne d der Tabelle 17 (S. 59) zeigt.

Daß nun in dem Radialsystem 1 die Sterbezahl heruntergegangen ist trotz steigender Behausungsziffer[2]), giebt einen Grund mehr zu der Vermutung ab, daß in diesem Radialsysteme ein mächtiger Faktor thätig gewesen sein muß, der trotz der steigenden Behausungsziffer, welche die Sterblichkeit erfahrungsgemäß auf das ungünstigste beeinflußt, die Sterblichkeit herabzusetzen imstande war.

Wenn wir nun sehen, daß die Behausungsziffer der Standesämter 5a und 5b (Radialsystem 1) die höchste in Berlin überhaupt beobachtete ist, und feststellen, daß die Sterblichkeit in diesem Radialsystem trotz steigender Behausungsziffer gefallen ist, wenn ferner diese Ereignisse

---

1) Diese lokalen Epidemien (Endemien) von Diphtherie, Typhus, Masern u. s. w. müßten genauer studiert werden, als dies bisher geschehen. Sie setzen aber eine Morbiditäts- und Mortalitätsstatistik der Berliner Schulen voraus, welche bisher fehlt oder wenigstens bisher amtlich nicht veröffentlicht wird.

2) Die Behausungsziffer giebt an, wie viel Bewohner auf ein bewohntes Grundstück kommen. Die Behausungsziffer der Louisenstadt ist die höchste, welche in Berlin überhaupt beobachtet wird.

nach Einführung der Kanalisation eingetreten sind und fortgedauert haben, so werden wir gewiß geneigt sein, der Kanalisation einen maßgebenden Einfluß auf die geschilderten Verhältnisse zuzuschreiben, wenn wir auch anerkennen müssen, daß neben der Kanalisation auch noch andere Ursachen in gleichem Sinne gewirkt haben mögen. In Radialsystem 6 läßt sich ein günstiger Einfluß der Kanalisation nicht mit der gleichen Sicherheit erweisen. In diesem Radialsystem war die Sterblichkeit (Tabelle 17, S. 59) auch schon vor Einführung der Kanalisation auffallend niedrig, ja sogar niedriger als die Sterbeziffer für ganz Berlin. Ferner ergiebt die Behausungsziffer einen vergleichsweise niedrigen Wert. Dabei gehört das Radialsystem durchaus nicht zu den wohlhabenden [1]. Vielleicht lassen sich die recht günstigen Gesundheitsverhältnisse des Radialsystems verstehen, wenn man sich erinnert, daß die Reihen der eng aneinander stehenden und dicht bewohnten Häuser durch eine größere Reihe schöner Plätze (Bellealliance- und Marheinickeplatz, ferner Johannistisch) unterbrochen und von mehreren auffallend breiten Straßen (Gneisenau-, Horn-, Bellealliance-, Blücherstraße) durchzogen werden. Ferner stößt das Quartier an die großen Exerzierplätze der Berliner Garnison sowie an einen natürlichen Luftschacht: die Hasenhaide.

Weiter als bis hierher kann die Frage nach dem Einfluß der Kanalisation auf die Sterblichkeit der Radialsysteme zunächst nicht geführt werden: hierzu fehlen die statistischen Grundlagen (s. S. 54 Anmerkung 1).

Aber sollte sich nicht wenigstens noch die Sterblichkeit der eröffneten und der nicht eröffneten Radialsysteme miteinander vergleichen lassen? Auch dieses ist nicht angängig, da, wie S. 57 auseinandergesetzt wurde, nur für die beiden Radialsysteme 1 und 6 auf dem geschilderten Umwege statistische Nachrichten zu erhalten waren.

β) **Sterblichkeit der Standesämter.**

Mit größerer Sicherheit als bei den Radialsystemen läßt sich bei den Standesämtern feststellen, ob die Sterblichkeit

---

[1] Dieser Ausspruch beruht auf Lokalkenntnis, nicht auf strenger statistischer Grundlage. Die Wohlhabenheitsziffern der Stadtteile pro 1885 und 1890 liegen noch nicht vor. Dem Vernehmen nach sollen sie auch nur zum Teil berechnet werden — aus Geldmangel!

durch Einführung der Kanalisation eine Aenderung erfahren hat, weil die statistischen Angaben über die Standesämter zwar immer noch zu wünschen übrig lassen, aber jedenfalls viel reichlicher fließen als über die Radialsysteme. Allerdings muß bei Studien über den Einfluß der Kanalisation auf die Sterblichkeit der Standesämter in Berlin **eine Voraussetzung gemacht werden: die Annahme, daß zu der Zeit, in welcher das zugehörige Radialsystem eröffnet wurde, auch in denjenigen Standesämtern die Kanalisation in Thätigkeit trat, welche zu dem Radialsysteme räumlich gehören.** Oder anders ausgedrückt: Es ist, wie ich nach Rücksprache mit den maßgebenden Personen behaupten kann, kaum festzustellen möglich, wann in einem bestimmten kleineren Areal die Majorität der Häuser Anschluß erhalten hat.

Jedenfalls läßt sich eine derartig genaue Topographie der Kanalisation in einer so großen Stadt nur mit einem Aufwand an Arbeitskraft, an Zeit und an Geld konstruieren, welche dem einzelnen nicht zu Gebote steht.

Aus diesen Gründen sind die folgenden Schlüsse jedenfalls mit demjenigen Fehler behaftet, der aus der oben gemachten Annahme fließt.

1) Wie die Tabellen 13 und 15, (S. 52 und 55) zeigen, nahm in allen Standesämtern die Sterblichkeit aller Altersklassen nach Einführung der Kanalisation' ab. Nur in Standesamt 6 (Tabelle 15 [1]), S. 55) stieg die Gesamtsterblichkeit um 3,9 p. M.

2) Auch in dem bis 1890 überhaupt nicht kanalisierten Standesamt 13 und in dem erst seit Ende 1890 kanalisierten Standesamt 12 fiel die Sterblichkeit seit 1871. Diese Thatsache hat nichts Auffallendes, da auch den genannten Standesämtern 12 und 13 alle diejenigen hygienischen Verbesserungen zu Gute kamen, welche neben der Kanalisation in unserer Stadt Eingang fanden und in Teil I dieses Buches ausführlich geschildert wurden.

3) *Es läfst sich nun aber nachweisen, dafs die Sterblichkeit in den früh kanalisierten Standesämtern in den meisten Fällen niedriger war als zu derselben Zeit in den **spät oder gar nicht kanalisierten**.*

Dieser Vergleich ist in Tabelle 18 (S. 64) angestellt.

---

1) Alle Altersklassen.

Tabelle 18.
Vergleich zwischen der Sterblichkeit früh kanalisierter und spät kanalisierter (resp. nicht kanalisierter) Standesämter in Berlin.

Standesamt Nr.	Sterblichkeit pro 1000 Einwohner des Standesamtes	im Jahre	Kanalisiert im Jahre	Standesamt Nr.	Sterblichkeit pro 1000 Einwohner des Standesamtes	im Jahre	Kanalisiert im Jahre
Lange kanalisiert.				Später kanalisiert oder nicht kanalisiert.			
Alle Altersklassen							
1	21,18	1880	Jan. 1876	12	35,54	1880	Ende 1890
3	15,23	1885	Jan. 1876	13 ⎫ 13	37,64	1880	nicht bis
5	27.26	1885	Juli 1879	13 ⎭	34.45	1885	Ende 1890
7	28,62	1885	April 1881				
9	23,62	1885	Juli 1879				
Altersklasse 0—5 Jahre							
1	10.84	1880	Jan. 1876	4	11,92	1880	Sept. 1885
3	6.87	1885	Jan 1876	12	15,65		Ende 1890
7	13,57	1885	April 1881	13	14,91		nicht bis
9	12,45	1885	Juli 1879				Ende 1890

Aus dem vorstehenden Kapitel ergiebt sich:

1) Die Sterblichkeit aller Altersklassen und insbesondere auch die Kindersterblichkeit (Altersklasse 0—5 Jahre) hat seit dem Jahre 1875 in den meisten, ja in fast allen Standesämtern [1]) abgenommen.

2) Eine Sterblichkeitsstatistik für die einzelnen Radialsysteme ist nicht vorhanden. Nur für zwei Radialsysteme, nämlich für System 1 und 6, läßt sich durch einen Kunstgriff eine solche Statistik herstellen. Aus dieser Statistik geht hervor, daß die Sterblichkeit in Radialsystem 1 nach seiner Eröffnung um 5,3 p. M. fiel. Für Radialsystem 6 betrug die gleiche Größe 1,6 p. M.

3) Ein günstiger Einflufs der Kanalisation auf die Sterblichkeit läfst sich aber mit Sicherheit durch die Abnahme der Sterblichkeit in den Unterabteilungen der Radialsysteme, also in den Standesämtern beweisen. Bei einem Vergleiche der früh kanalisierten mit den spät oder gar nicht kanalisierten Standesämtern zeigt sich nämlich, dafs die für dasselbe Jahr ermittelte Gesamtsterblichkeit und die Kindersterblichkeit in den letzteren beinahe ausnahmslos höher war als in den ersteren.

---

[1]) Die Standesämter bestehen in Berlin erst seit Herbst 1874.

III. Schluſs.

Die vorstehenden Seiten haben den unanfechtbaren Beweis erbracht, daß der Gesundheitszustand der Stadt Berlin sich im Laufe der letzten 20 Jahre wesentlich gebessert hat.

Es konnten Krankheiten namhaft gemacht werden, welche früher zahlreichere Opfer forderten als in den jüngsten Perioden.

Aber es genügte nicht nur die Thatsache, daß diese Verminderung der Sterblichkeit eingetreten war, festgestellt zu haben: auch die Gründe dieses erfreulichen Facits sollten nach Möglichkeit bezeichnet werden.

Dieser Forderung gerecht zu werden gestattet zwar der Zustand der Wissenschaft noch nicht in jedem einzelnen Falle und nirgends sollte das post hoc ergo propter hoc vorsichtiger angewandt werden als in einer medicinalstatistischen Untersuchung.

Aber trotz aller Vorsicht ließ sich doch mit einer an Gewißheit grenzenden Wahrscheinlichkeit glaubhaft behaupten, daß die großen Aufwendungen, welche die Stadt Berlin für die Zwecke der öffentlichen Gesundheitspflege gemacht hat, ihre Früchte getragen haben.

In erster Linie mag nach dem Stande unserer Kenntnisse die Errichtung der Wasserleitung, ferner das Werk Hobrechts, die Kanalisation, mögen unsere Krankenhäuser, die Geisteskinder Rudolph Virchow's, mögen Blankenstein's praktische Schulbauten, mag das Institut der städtischen Armenärzte, mögen die zahlreichen Straßen-Durchbrüche und Erweiterungen und ähnliche Bestrebungen die öffentliche Gesundheit verbessert haben: sicher ist, die Assanierung einer großen Stadt vollzieht sich ohne menschliches Zuthun nicht.

Und so können denn unsere städtischen Behörden trotz ihrer, gerade auf hygienischem Gebiete recht wenig ausgebildeten Verwaltungskörper mit gerechter Befriedigung auf ihr Werk zurückblicken. Wenn Ihnen die Zukunft solche Mitstreiter auf hygienischem Gebiete beschert wie die, deren sie sich erfreut hat und erfreut, könnte Berlin wohl einst zu denjenigen Städten gehören, in welchen die vermeidbaren Krankheiten vermieden werden.

Anhang.

Zu Kurve 1 S. 30: Choleraepidemien in Berlin waren: 1849, 50, 52, 53, 54, 55, 66, 71, 73, 92. Siehe Dr. E. H. Müller, Die Choleraepidemie zu Berlin im Jahre 1873.

Zu S. 30:

Tabelle 19.

Lebende und Gestorbene in 5-jährigen Altersklassen in Berlin in den Volkszählungsjahren 1871, 1875, 1880, 1885, 1890.

Alters-klasse	1871		1875		1880		1885		1890	
	Lebende	Gestorbene	Lebende	Gestorbene	Lebende	Gestorbene	Lebende	Gestorbene	Lebende	Gestorbene
0—1	18 917	11 160	28 837	13 874	31 155	13 838	36 032	11 582	39 312	12 623
0—5	88 093	16 640	108 344	18 888	140 266	19 532	143 315	16 828	164 370	17 630
5—10	71 011	911	78 874	1 102	99 677	1 211	128 232	1 182	136 446	945
10—15	63 208	290	68 728	298	82 748	323	102 480	330	132 139	352
15—20	81 214	628	93 364	522	95 663	470	113 792	453	144 781	510
20—25	108 516	1 083	135 019	1 069	133 805	887	152 801	827	190 081	923
25—30	97 832	1 215	117 910	1 088	127 659	1 113	142 543	1 062	173 946	1 099
30—35	79 023	1 399	94 453	1 086	112 394	1 213	125 788	1 364	147 058	1 145
35—40	61 519	1 248	73 464	1 022	88 318	1 077	107 164	1 307	122 185	1 283
40—45	45 809	1 208	52 437	795	69 391	1 006	83 862	1 170	102 307	1 255
45—50	37 954	989	41 608	811	48 840	804	65 063	1 045	79 411	1 175
50—55	30 155	1 160	34 086	801	39 100	834	46 018	905	61 015	1 121
55—60	20 421	916	25 837	712	30 729	834	36 059	960	42 150	1 057
60—65	14 625	794	17 411	719	23 213	885	28 136	1 029	32 440	1 108
65—70	10 856	734	10 878	605	14 520	761	19 602	970	24 004	1 131
70—75	7 133	673	7 807	664	8 278	583	11 299	817	15 090	1 087
75—80	3 415	474								
80—85										
85—90	1 703	384	5 768	923	7 498	1 101	8 892	1 170	10 977	1 535
90—95—x										

Zu S. 31, Anm. 3: Beim Vergleiche der vom statistischen Bureau der Stadt Berlin veröffentlichten Werte mit den in den Berichten des Berliner Polizeipräsidiums benutzten ergeben sich mannigfache Differenzen, deren Gründe, wie ich von kompetenter Seite erfahre, nicht leicht zu ermitteln sein werden. Ich verzichte auf die Aufzählung dieser Einzelheiten und auf die Anführung mannigfacher, von mir aufgefundener Rechenfehler. Bei meinen eigenen Rechnungen habe ich stets die Werte des städtischen statistischen Bureaus zu Grunde gelegt, wie dieselben mitgeteilt sind:

a) von 1869—78 in Boeckh's Bewegung der Bevölkerung;

b) „ 1879—90 in Veröffentlichungen des städtischen statistischen Amtes, Supplement I.

Zu S. 51: **Sterblichkeit nach Altersklassen und Standesämtern in Promille der im Standesamte Lebenden.**

Die Berechnung der in der Ueberschrift genannten Größen setzt zweierlei Größen voraus:

a) Die Kenntnis der in den Standesämtern lebenden Altersklassen.

Die hier allein in Betracht kommenden Volkszählungsberichte pro 1871, 75, 80, 85 und 90 (s. S. 29) enthalten nur Auszählungen nach Stadtteilen, nicht nach Standesämtern in 5-jährigen Altersklassen.

Zum Glück fallen aber die Grenzen für die historischen Stadtteile mit den Grenzen der Standesämter meist derart zusammen, daß man durch Addition der Stadtteile auf die Areale der Standesämter kommt.

Derart verfährt auch das statistische Amt der Stadt Berlin, z. B. Statistisches Jahrbuch der Stadt Berlin, XIV, S. 62; ferner Einstweilige Ergebnisse der Berliner Volkszählung vom 1. Dez. 1890, S. 4; Boeckh, Bewegung etc., S. 44; ferner Berliner Volkszählung von 1875, I, S. 75, und Berliner Volkszählung 1880, I, S. 33 [1]).

Hiernach ergiebt sich folgendes Schema für die Konstruktion der Standesämter aus den „Stadtteilen":

Standesamt		Stadtteile
1		Berlin + Alt-Cölln + Friedrichswerder + Dorotheenstadt.
2		Friedrichsstadt.
3		Untere Friedrichsstadt + Schöneberger Vorstadt + Tiergarten.
4		Obere Friedrichsstadt, Tempelhofer Vorstadt.
5	A+B	Louisenstadt jenseits des Kanals.
6		Louisenstadt diesseits des Kanals + Neu-Cölln.
7	A+B	Stralauer Viertel.
8		Königsviertel
9		Spandauer Viertel.
10	A+B	Rosenthaler Vorstadt.
11		Oranienburger Vorstadt.
12		Friedrich-Wilhelmsstadt + Moabit + Königsplatz.
13		Wedding, Gesundbrunnen.

Weshalb die Auszählung überhaupt noch nach den für das moderne Leben jeder Bedeutung entbehrenden „historischen Stadtteilen" und nicht vielmehr nach den für die administrative und hygienische Statistik viel wichtigeren Standesämtern erfolgt, ist schwer verständlich. Hoffentlich tritt hier recht bald Wandel ein.

b) Die Kenntnis der Todesfälle der Altersklassen in den betreffenden Standesämtern.

---

1) Es ist mir nicht mit Sicherheit gelungen, die Standesämter 3 und 4 aus den Stadtteilen pro 1871 zu rekonstruieren.

Für die Altersklasse 0—5 Jahr liegen diese Zahlen in den Veröffentlichungen des Statistischen Amtes der Stadt Berlin für die Jahre 1871, 75, 80, 85 und 90 „Supplement 1" vor [1]). Die Todesfälle der übrigen Altersklassen sind nach Standesämtern nicht ausgezählt worden. Offenbar haben die zur Verfügung stehenden Geldmittel hierfür nicht ausgereicht. Erst mit dem Jahre 1876 wurden die aus den Krankenhäusern gemeldeten Todesfälle denjenigen Standesämtern (Stadtteilen) zugezählt, in welchen der Verstorbene seine letzte Wohnung besaß. Diese „Verteilung" ist aber erst in den folgenden Jahren vollständig durchgeführt worden. (Siehe Boeckh, Bewegung, S. 38.)

[1]) Für 1871 wurden nur die Sterbefälle der Altersklasse 0—1, nicht aber der Klasse 0—5 nach Standesämtern ausgezählt. Daher fehlen die Angaben pro 1871 in Tabelle 13.

Literatur.

Statistisches Jahrbuch der Stadt Berlin, Band 1 (1867) bis Band 17 (1893).
Bericht über die Gemeindeverwaltung der Stadt Berlin in den Jahren 1861—76 (3 Bde.), 1877—81 (3 Bde.), 1882—88 (3 Bde.).
Haushaltsetat der Stadt Berlin pro 1. April 1892/93.
R. Virchow, Reinigung und Entwässerung Berlins. Generalbericht über die Arbeiten der städtischen gemischten Deputation für die Untersuchung der auf Kanalisation und Abfuhr bezüglichen Fragen, Berlin 1873.
Derselbe, Gesammelte Abhandlungen, Band 2, S. 436.
Die Anstalten der Stadt Berlin für die öffentliche Gesundheitspflege und für den naturwissenschaftlichen Unterricht. Festschrift, dargeboten den Mitgliedern der 59. Versammlung deutscher Naturforscher und Aerzte von den städtischen Behörden, Berlin 1886.
Die öffentliche Gesundheits- und Krankenpflege der Stadt Berlin, herausgegeben von den städtischen Behörden, Berlin 1890.
Die Berliner Volkszählung von 1871 (Schwabe), 1875 (Boeckh), 1880 (Boeckh), 1885 (Boeckh).
Die Berliner Volkszählung von 1890: Einstweilige Ergebnisse (Boeckh).
R. Boeckh, Die Bewegung der Bevölkerung der Stadt Berlin in den Jahren 1869—78, Berlin 1884. Wichtigstes Quellenwerk.
Skrzeczka, Generalbericht über das Medizinal- und Sanitätswesen der Stadt Berlin in den Jahren 1879 und 1880.
A. Wernich, Generalbericht u. s. w. für 1881.
M. Pistor, Dritter Generalbericht u. s. w. für 1882.
Derselbe, Das öffentliche Gesundheitswesen und seine Ueberwachung in der Stadt Berlin während der Jahre 1883, 84 und 85. Vierter Generalbericht.
Derselbe, Das öffentliche Gesundheitswesen u. s. w. während der Jahre 1886, 87 und 88. Fünfter Gesamtbericht.
Wernich und Wehmer, Sechster Gesamtbericht über das Sanitäts- und Medizinalwesen in der Stadt Berlin während der Jahre 1889, 90 und 91. Konnte im Text nicht mehr berücksichtigt werden.

Veröffentlichungen des Statistischen Amts der Stadt Berlin, Supplement I. Erscheinen jährlich und enthalten die Uebersichten aller im Laufe eines Jahres durch das Statistische Amt der Stadt Berlin gemachten regelmäßigen Aufnahmen.

P. Boerner, Hygienischer Führer durch Berlin, 1882.

M. Pistor, Die Heimstätten für Genesende auf den Rieselgütern der Stadt Berlin, Vierteljahrsschr. f. öffentl. Gesundheitspfl. 21. Bd., S. 373 (1889).

James Hobrecht, Entwickelung der Verkehrsverhältnisse in Berlin. Vortrag, gehalten am Schinkelfest 13. März 1893, 41 SS., Berlin 1893.

von Foller, Berliner Mortalitätsstatistik von 8 Krankheiten, Vierteljahrsschrift für ger. Med., 3. Folge, V, S. 97 (1893), behandelt die Häufigkeit des Vorkommens von 8 Krankheiten während der einzelnen Monate der Jahre 1880—89.

Hüppe, Journal für Gasbeleuchtung 1887.

Außerdem die unter dem Text angeführten Drucksachen.

Verzeichnis der Abbildungen.

Plan von Berlin mit Standesämtern und Radialsystemen. Der Plan giebt die Grenzen der Radialsysteme in unterbrochenen Linien: , die Grenzen der Standesämter in nicht unterbrochenen Linien: ———. Die Zahlen bedeuten die Nummern der Standesämter, beziehentlich der Radialsysteme. Die Nummern der Radialsysteme sind umrahmt: xii (S. 57).

Kurve I. Gesamtsterblichkeit in Berlin von 1840—1890 pro 1000 Einwohner (S. 27).

Kurve I^A. Die Kindersterblichkeit in Berlin (S. 30).

Kurve II. Typhussterblichkeit in Berlin 1854—1890 (S. 46).